der clevere
gastronom

FRANZISKA SCHUMACHER

der clevere
gastronom

FRANZISKA SCHUMACHER

4. überarbeitete Auflage

MATTHAES VERLAG GMBH

ISBN 978-3-87515-014-8
4. überarbeitete Auflage 2010
©2004, 2010 by Matthaes Verlag GmbH, Stuttgart
Printed in Germany

WARUM SIE DIESES BUCH LESEN SOLLTEN

Von besten Beispielen lernen

Nicht die unerreichbaren Gurus sind der Maßstab, sondern der Erfolgswirt von nebenan mit den gleichen Chancen und Möglichkeiten. Was macht der anders? „Benchmarking" mit wirklich vergleichbaren Mitbewerbern. Erfolg ist die Summe vieler kleiner Bausteine und hat nichts mit großem Budget zu tun!

Wir verbessern ständig die Leistungen und die Qualität unserer Betriebe

Qualität ist das Erfüllen aller Gästeerwartungen – aber welche Erwartungen gilt es heute zu erfüllen?
Was ist bisher gut gewesen?
Was muss verändert werden, um eine zukunftsfähige Gastronomie zu schaffen?

Die Zahlen sprechen Bände

Angebot und Präsentation Ihrer Leistungen schlagen sich schnell in positiven Zahlen nieder.
Aktiver Verkauf ohne Mehraufwand ist machbar.
Kalkulieren und Controlling sind nicht mehr lästige Pflichtübungen, sondern wichtige Entscheidungshilfen im unternehmerischen Alltag.

Es macht wieder Spaß, in der Gastronomie zu arbeiten

Unser Image bestimmen wir selbst mit. Und unsere Mitarbeiter suchen wir auch selbst aus!
Mitarbeitermotivation ist kein Schlagwort mehr, sondern Realität in den Betrieben.
„Mitdenker" entlasten das Tagesgeschäft.

Sie lernen DPV® kennen und anwenden

Das Markenzeichen DPV® ist entstanden aus der Abkürzung von "Different Point of View", was so viel heißt wie „Die andere Sicht von den Dingen".
Sie erarbeiten Ihre eigenen Ziele oder stellen Ihre eigenen Ziele wieder auf den Prüfstand.
Sie sind „Der clevere Gastronom"!

> Das Buch wird Sie und Ihren Betrieb verändern!

INHALT

Teil 1
STRATEGIE UND KONZEPTION

Was ist DPV®?

Plötzlich alle Tage

Es gibt nichts Langweiligeres als einen geordneten Tagesablauf. Wer so regelmäßig unterwegs ist, dass sich die Leute die Uhr nach ihr oder ihm stellen, hat etwas falsch gemacht. Sie kennen das Gefühl? Tagaus, tagein geht man auf derselben Straßenseite die Hauptstraße der Siedlung entlang. Die Hunde schlagen nicht einmal mehr an, weil man ohnehin bekannt ist, sogar die Katzen krümeln sich davon, weil sie die ewigen Kreisbewegungen des Streichelns satt haben. Die Kinder zeigen dir die Zunge, weil du nie etwas dabei hast, und der Frührentner leert voller Ekel seinen Kehricht vom Morgen neben dir in die Bio-Tonne.

Doch plötzlich: Heute steht ein LKW so ungünstig geparkt, dass du auf die andere Straßenseite musst. Und während du dich ärgerst, ist auf einmal alles ganz anders.

Das Markenzeichen DPV® ist entstanden aus der Abkürzung von "Different Point of View", was so viel heißt wie „Die andere Sicht von den Dingen".

In allen Bereichen, ob privat oder geschäftlich, tut es gut, verstanden zu werden. Aber anfangen muss jeder bei sich selbst; doch das fällt uns oft so schwer. Warum ich – soll doch der andere ... Und das passiert im Gastgespräch, bei Reklamationen, im Mitarbeitergespräch und beim Zusammensein mit der Familie oder den Kollegen – jeden Tag in vielen Situationen. Weil wir einfach dazu neigen, anderen das Versagen in die Schuhe zu schieben. Es ist doch bequem, anderen Handlungsbedarf zu unterstellen ... Die machen doch das Gleiche mit uns. Und so dreht sich das Hamsterrad der Frustration Tag für Tag.

Mit DPV® lernen Sie auszusteigen aus diesem Kreislauf. Sie werden viel gelassener mit verschiedenen Situationen umgehen und anderen Wertschätzung entgegenbringen können, auch bei ganz konträren Standpunkten zu Ihren eigenen, weil Sie jederzeit eine andere Sichtweise ins Spiel bringen können. Sie kennen die Frage nur zu gut:

DPV® – Perspektivenwechsel im Alltag und Beruf

DPV® ist keine neue Trainingsmethode, sondern eine Betriebs- und Lebens-Philosophie

8

„Ist das Glas nun halb leer oder halb voll?" Veränderungen sind mit DPV® nicht mehr lästig, sondern eine Herausforderung. Das verführt natürlich manchen zum Jammern, dass früher (wann war das?) ja alles viel besser war. Ganz klar ist, dass es eine Zeit gegeben hat, als man in der Gastronomie (fast) nichts falsch machen konnte. Das dürfte so zu meiner Lehrzeit (vor über 30 Jahren) gewesen sein. Aber auch damals schon gab es besonders erfolgreiche und eben nicht so herausragende Gastronomen.

Die Gastronomie befindet sich in einer kompletten Umbruchphase

Die Erfolgreichen haben in all ihren Handlungen schon immer die Sicht des Gastes in den Mittelpunkt gestellt – seine Wünsche und Erwartungen.

Viele berühmte Namen könnte man hier zitieren.

Ein Frauenname aus den Anfängen des Tourismus fällt mir spontan ein: Emma Hellenstainer, Gastwirtin in Südtirol, Niederdorf. „Frau Emma in Europa." Ein Brief aus Amerika mit dieser Adresse wurde tatsächlich zugestellt – weil sie beziehungsweise ihr Haus der Inbegriff der Gastlichkeit in Europa war. Was war ihr besonderes Verdienst, was hat sie so berühmt gemacht? Immer die Sicht des Gastes im Blickfeld, seine Wünsche und Erwartungen. Im 19. Jahrhundert schon eine besonders leichte Küche zelebriert, die heute sicher unter dem modernen Begriff „Vitalküche" eingeordnet würde. Auf Wunsch auch Wasser statt Wein serviert. Klingelt es bei Ihnen?

Welche sinnlosen Diskussionen führen wir aktuell über das (Gratis-)Ausschenken von Leitungswasser in der Gastronomie? Manches von damals ist eben heute noch gültig, vieles hat sich verabschiedet.

Wie lange muss ich DPV® machen?

Eigentlich immer, das heißt, es ist einfach zu lernen und dann einfach „zu tun". Integrieren Sie DPV® in Ihren Alltag.

Irgendwann werden Sie es gar nicht mehr bemerken.

Der Entwicklungsprozess läuft über

► sich DPV® bewusst machen
► DPV® bewusst machen
► DPV® unbewusst weitermachen

Es ist wie beim Autofahren. Anfangs kommen Sie ganz schön ins Schleudern zwischen Kupplung, Gas und Bremse. Wenn Sie heute jemand schnell fragt, mit welchem

Ab sofort reden wir nicht mehr von Problemen, sondern von Herausforderungen!

Fuß Sie kuppeln, kommen Sie ins Schleudern mit der Antwort. Es funktioniert einfach.

Ein Gastwirt sagt: „Von mir führen nur vier Wege weg, ich habe eine ganz schlechte Lage ..."

Mein Beitrag: „Zu Ihnen führen vier Wege hin – und über jeden kann ein neuer Gast kommen."

Wo steht Ihr Betrieb?

Wenn Sie selbst einen Betrieb führen (oder in einem Betrieb arbeiten), treffen immer drei große Lebenskurven aufeinander:

▶ Ihre eigene Lebenskurve
▶ die des Betriebs
▶ und die des Produktes oder der Dienstleistung

Wenn man diese drei Schicksalskurven nicht sauber auseinander hält, kommt es leicht zu ungerechtfertigten Vorwürfen und sogar zu Schuldzuweisungen, sobald Veränderungen anstehen. Für einen Check am Arbeitsplatz sollte man wissen, dass diese drei Bereiche völlig unterschiedliche Ablaufgeschwindigkeiten aufweisen.

Ihre Lebenskurve hat mit biologischen Gesetzmäßigkeiten zu tun, Ihre Fitness mit Ihrer Einstellung zu sich selbst, Ihre Bereitschaft, sich fortzubilden, mit den Erfahrungen, die Sie mit Fortbildung gemacht haben. Wenn Sie ständig auf Kurse gehen, ohne dass Sie daraus etwas umsetzen, werden Sie letztlich nie eine Veränderung mit sich selbst durchführen.

Die Lebenskurve des Betriebs hat mit der Führung und mit der Geschichte zu tun. Wenn die Betriebsübergabe bevorsteht, werden andere Entscheidungen fallen, als wenn der Betrieb soeben gegründet worden ist.

In welcher „Jahreszeit" befindet sich Ihr Betrieb?

WICHTIG

Frühling, Sommer, Herbst, Winter?
Ist Ihr Betrieb im „permanenten Steigflug", im ruhigen Überlandflug ohne große Turbulenzen, oder setzt er schon zum Sinkflug an, weil seine Reise langsam zu Ende geht?

Produkt und Dienstleistung hängen von den Kunden ab. Leicht sarkastisch formuliert könnte man sagen: „Eigentlich sind immer genug Gäste da, nur eben oft die falschen."

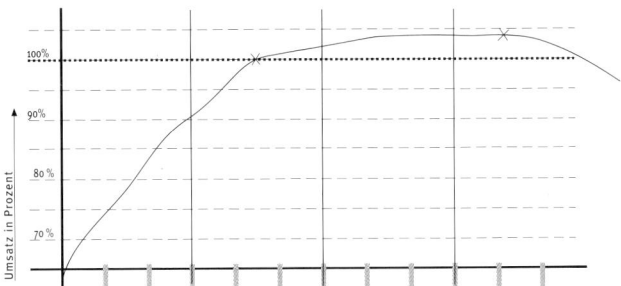
Lebenskurve eines Betriebs

Historisch berühmte Fälle für Veränderung sind hier etwa die Hufschmiede, einst eine Masseneinrichtung, die alle paar Kilometer schwere Zugpferde „reparierten" und neu beschlugen. Heutzutage ist der Hufschmied eine Rarität, ein hoch bezahlter Spezialist, der am Hof eines edlen Gestüts wertvolle Rennpferde massiert und zwischendurch vorsichtig beschlägt. Und er heißt auch nicht mehr Hufschmied.

Ähnlich erging es Uhrmachern, die plötzlich vor der Entscheidung standen, Batterie-Wechselautomaten für bunte Pop-Uhren zu werden oder sich auf die Pflege wertvoller Antik-Uhren zu spezialisieren.

Die Stunde der Tante-Emma-Läden wird wieder heftig schlagen. Zwar nicht mehr als Kleingeschäft für allerlei, sondern als individueller Zustelldienst für eine Bevölkerung, die zwar zustellgebrechlich, aber höchst lebensmotiviert darauf wartet, rundum beliefert, betreut und auch mit interessanten Alltagsgesprächen verwöhnt zu werden.

In dieser „Zustellgesellschaft" schlummern große Reserven für die Gastronomie!

Gut hinsehen muss man in der Gastronomie auf jene Leistungen, die man selbst als besonders wichtig erachtet – als Fachmann/-frau. Was davon ist für den Gast aber wichtig? Welche Leistungen wünscht der Gast, auf was kommt es wirklich an?

Nehmen wir das Mittagsgeschäft: Beinahe jeder Betrieb ist von den geänderten Konsumgewohnheiten der arbeitenden Bevölkerung betroffen. Mittags stehen maximal 45 Minuten zur Verfügung. Das Budget ist außerdem auch noch beschränkt, und die Menschen achten zusehends auf bewusste Ernährung. Wer hier noch mitspielen will, muss es schaffen, in dieser Zeit ein leichtes Essen zu einem akzeptablen Preis auf den Tisch zu bringen – Punkt.

Qualität wird schon lange neu definiert!

In einem Tagungshotel ist die Zeit der empfindlichste Fak-tor, noch vor der Produktqualität! Aber der Küchenmeis-ter ist der Meinung: „Wenn jemand bei mir speist, hat er eben Zeit mitzubringen (Originalton!)." Welchen Erfolg prognostizieren Sie diesem Betrieb?

All diesen Lebenskurven ist gemeinsam, dass sie einer ständigen Veränderung unterzogen sind. Und diese Ver-änderung geht einerseits schleichend einher, wie das jährliche Auftreten des Herbstes, und dann wieder mit Knalleffekten, wie die eines Herbststurms. Manche Ver-änderungen kommen so schleichend, dass man sie fast nicht bemerkt.

WICHTIG

DPV® ermöglicht es Ihnen, sowohl langsamen als auch abrupten Veränderungen mit Alternativen zu begegnen. Wie immer die Veränderung auch ausfallen mag, Sie haben bereits mehrere Ansichten von den Dingen und sind damit immer einen Schritt voraus!

Die drei wichtigsten
Buchstaben des Alltags
heißen: T + U + N

Fünf Zutaten:

► Alles ist Ansichtssache.
► Erfolgreiche Betriebe analysieren laufend ihren Standort.
► Ein gelungenes Leben braucht regelmäßige Aufmerk-samkeit.
► Jeder braucht eine persönliche Lebensinventur.
► Jeder kann nur selbst etwas TUN.

Wo stehen Sie? Stellen Sie die richtigen Fragen!

Alltags-Check

Mit drei einfachen Fragen gewinnen Sie mehr Klarheit über Ihr Leben. Selbst für einen kleinen Inlandsflug sitzen Pilot und Copilot in ihrem Cockpit und checken alles sorgsam durch. Zu viele Leben hängen an diesem Check, als dass man ihn schlampig durchführen könnte. Und Sie bringen wahrscheinlich auch Ihr Auto in regelmäßigen Abständen in die Werkstatt zur Inspektion. Den technischen Einrich-tungen trauen Sie eben doch nicht unbedingt über den Weg. Andererseits gehen Sie vielleicht mit Ihrem Leben gnadenlos sorglos um. Schon für das Nachjustieren eines Zahns bedarf es vielleicht großer Schmerzen, dass Sie einen Zahn-Check durchführen lassen. Auf Ihr Leben übertragen: Führen Sie regelmäßig Inspektionen durch? Das sollten Sie unbedingt selbst machen, weil Sie der einzige Fachmann für Ihr Leben sind. Regelmäßige Alltags-Checks sollten Sie machen, damit Sie immer wissen, in welche Richtung Sie unterwegs sind. Und wenn Sie sich verfahren haben, können Sie sich wenigstens orientieren, an welcher Abzweigung Sie falsch entschieden haben.

Welcher Satz ist bei Ihnen häufiger: „Das ist mir passiert" – oder „Das habe ich so entschieden?"

Frage 1
Was in meinem Leben finde ich im Augenblick als gut?
Die Antwort liegt in der Fragestellung, wer richtig fragt, erhält auch die richtige Antwort. Sie merken den Unterschied sofort. Wenn Sie nach negativen Dingen fragen, werden Sie negative Antworten bekommen, wenn Sie nach den guten Dingen fragen, gute.
Niemand wird fragen, wo es ein besonders mieses Lokal gibt, weil er einmal richtig schlecht essen will.
Für den Alltags-Check sollten Sie unbedingt mit den guten Fragen beginnen.

Frage 2
Was muss sich ändern?
Mit dieser Frage nehmen Sie die notwendigen Veränderungen in Ihrem Leben selbst in die Hand. Nach dem Spruch „Wer sich selbst auf die Schaufel setzt, kann nicht auf die Schaufel genommen werden" ergreifen Sie die Handlungskompetenz. Suchen Sie zu jedem Lebensfeld eine Veränderung, die in der nächsten Zeit ansteht.
Mögliche Lebensfelder könnten sein:
- ▶ Arbeit und Betrieb
- ▶ Familie
- ▶ Finanzen
- ▶ Freizeit
- ▶ Gefühlshaushalt
- ▶ Hobbys
- ▶ Zeitbudget

Frage 3
Wo schaue ich im Augenblick weg?
Nicht alle Fragen lassen sich mit Ja oder Nein beantworten, oft heißt die heimliche Antwort vielleicht oder spä-

ter. Solche aufgeschobenen Entscheidungen sollte man nur dann hinausschieben, wenn man sie auch im Auge behält. Sachen, die versickern, kommen an unerwarteter Stelle wieder ans Tageslicht wie heimlich vergrabenes Altöl.

In manchem Leben steckt etwas, das man lange denkt, vor anderen verstecken zu müssen. Irgendwie nagt aber immer die Angst, doch noch entdeckt zu werden. Einflüsse von außen oder Zufälle, die man nicht steuern kann, lauern täglich. Rechtzeitig aufräumen ist das einzig wirksame Rezept, zu den Dingen zu stehen. Eine gute Hilfe dabei ist ein positives Menschenbild. Wenn ich davon ausgehe, dass es nicht böse Absicht ist, wenn etwas schief geht, kann ich mit vielen Ereignissen besser umgehen.

Bei allen drei Fragen sind immer andere mit im Spiel. Deshalb kommen Sie auch nicht an der Situation vorbei, bei allen Fragen den eigenen Anteil und den Anteil von anderen auseinander zu halten. Ändern können Sie aber nur Ihren eigenen Anteil. Oder Ihre Sicht darauf.

Ihr eigenes Handeln hat sehr wohl Auswirkungen auf andere. Deshalb gilt das Prinzip Selbstverantwortung uneingeschränkt, aber immer in Verbindung zu Ihrer Verantwortung für andere – „Nachhaltige Verantwortung".

Die richtigen Ziele finden und erreichen!

„Richtige" (Unternehmens-)Ziele begeistern Chef und Mitarbeiter gleichermaßen. Um das von Anfang an zu erreichen, gibt es einen einfachen „Trick": Beziehen Sie Ihre Mitarbeiter vom Start weg in die Zielsuche mit ein.

PRAXISBEISPIEL

Dazu ein Beispiel:
Das Projekt „Ibis 2003" sollte den über 400 Ibis-Hotels in Europa ein neues Image verleihen. Gestartet wurde schon 1997. Als erster Schritt wurden 80 Mitarbeiter, Direktoren und Tellerwäscher genauso wie Servicemitarbeiter oder Finanzbuchhalter, aus verschiedenen Ländern zu einem Initialtreffen zusammengebracht. Die daraus gewonnenen Aussagen zur Zukunftsbewältigung, gemeinsamer Identität und neuen Zielrichtungen wurden zusammengefasst, kopiert und verteilt. 6 Monate später standen dann, erarbeitet von allen Mitarbeitern (!) –

Vision –, strategische Achsen und konkret formulierte Grundwerte für Ibis fest.

„Für euch, mit uns, einfach anders" lautet die einfache Formel, die nun Atmosphäre, Menschen und Umfeld bei Ibis unter einen Hut bringt. Als Erweiterung dazu wurden die folgenden sechs Grundwerte erarbeitet:

► Service-Bewusstsein
► Kreativität
► Geben und Nehmen
► Freude
► Einfachheit
► Respekt gegenüber den Mitmenschen

Diese Grundwerte werden auf Kärtchen erläutert. Die hat jeder Mitarbeiter bekommen. Unter Service-Bewusstsein findet er da unter anderem beschrieben: „Dem Gast mit einem natürlichen Lächeln begegnen und sich nicht plump vertraulich geben." So bewusst einfach diese Basis gehalten ist, so stark schweißte sie offensichtlich zusammen. Ein erklärtes Ziel der Ibis-Leute war es, durch Aktionen aus ihren 2-Sterne-Häusern mehr als nur Schlafstätten zu machen. Hier kann nicht alles aufgezählt werden, was an Kreativität freigesetzt wurde. Doch die wichtigste Aktion, das 15-Minuten-Versprechen, ist eine vorbildliche Veranschaulichung für das Umsetzen von Unternehmenszielen. Ibis garantiert demnach, dass jeder Fehler, für den das Hotel verantwortlich ist, in nur 15 Minuten behoben wird. Im anderen Fall braucht der Gast seine Übernachtung nicht zu bezahlen. Die Mitarbeiter werden trainiert, selbst Hand anzulegen, statt auf den Hausmeister zu warten. Dieses Training verursachte pro Hotel etwa 1500 Euro für Anlaufkosten. Das Motto hieß: Unser Service ist nicht zu stoppen.

Was passiert in Ihrem Betrieb mit einer kaputten Glühbirne? Wechselt sie der „Entdecker" sofort aus, oder muss erst jemand damit beauftragt werden?
Besonders aussagekräftig über Ihre Serviceeinstellung: Die Meldung des Gastes an der Theke, wenn in den Toiletten etwas nicht in Ordnung ist. Wird sofort gehandelt? Oder muss erst ein „Zuständiger" gesucht werden?

In der Aktionszeit gab es 269 Reklamationen. Doch lediglich 54 Gäste brauchten ihre Übernachtung (à 60 Euro) in

Das ist ein klar ausformuliertes Ziel und eine einfache und nachvollziehbare Dienstanweisung in einem

WICHTIG

einem der 49 deutschen Ibis-Hotels nicht bezahlen. Jetzt gehört die Aktion zum Standardangebot aller Ibis-Hotels. Die Aktion brachte und bringt der Gruppe

▶ eine markant herausragende Werbebotschaft,
▶ ein motivierendes „Wir-Gefühl" bei den Mitarbeitern,
▶ eine erfreuliche Präsenz in den Medien der Zielgruppe.

Sie war ein erfolgreicher Schritt zum Unternehmensziel, die Hotels am Markt neu zu positionieren – mehr als eine Schlafstätte zu sein! Hier muss nicht das Banale, sondern der Erfolg gesehen werden. Um sich neu am Markt zu positionieren, werfen Unternehmen Jahr für Jahr viele Euros zum Fenster hinaus. Damit beweist eine „Einfach-Kette", die außer Schlafen nun wirklich nichts weiter verkaufen kann, dass es auch anders gehen kann. Ibis behält dieses erfolgreiche Programm bis heute noch unverändert bei.

Chefaufgabe Zielbestimmung

Auf der Suche nach Unternehmenszielen, die eine erfolgreiche Landung in der Zukunft garantieren. „Krise" war das Schlagwort von gestern. „Aufbruch" ist das Schlagwort von heute. Damit werden uns die wichtigsten Stichworte für unsere jetzige Situation – nicht nur in der Gastronomie – geliefert.

„Ausbrechen und Durchstarten!"

WICHTIG

„Ziele und Zukunft" – beides gehört untrennbar zusammen. Ziele festzulegen, ohne eine klare Vorstellung von der eigenen Zukunft zu haben, ist bloße Hektik. Betrachtungen über die Zukunft ohne gleichzeitige Zielbestimmung bleiben dagegen reine, das heißt wirkungslose Theorie!

Schon die alten Griechen erkannten: „Alles fließt!" Deshalb berücksichtigen „richtige" Unternehmensziele auch die stete Veränderung um uns herum. Aus diesem Grund zeichnen sich diese Ziele auf den ersten Blick selten durch Logik aus. (Siehe: „Für euch, mit uns, einfach anders.") Dafür verblüffen sie den Außenstehenden aber durch den Elan, den sie bei den Beteiligten wecken, und der oft die ganze Belegschaft packt und mitreißt!

Wie finden wir die „richtige" Zukunft?

Ausschlaggebend für diese Betrachtung ist das Bemühen, jede Art von Branchenblindheit zu vermeiden. Deshalb lautet für uns das Motto, bewusst wenig in der Fachliteratur für Gastronomie und Hotellerie zu blättern; denn das ständige Lippenbekenntnis „Wir müssen endlich über den eigenen Tellerrand hinausblicken" hilft uns nicht als Beschwörungsformel, sondern NUR durch konsequente Anwendung weiter. Auch, oder gerade, weil wir auf diesem Weg Unerwartetes erfahren!

Langfristig gibt es keine „richtigen" Konzepte mehr. Dazu verändert sich die Umwelt um uns herum heute viel zu rasch. Große Ketten gehen zum Beispiel davon aus, dass sie ihre Hotel-Restaurants alle 3 Jahre umgestalten müssen. Dieser Zyklus wird sich noch verkürzen. Langfristige Unternehmensziele müssen deshalb also viel „variabler" interpretierbar sein als bisher. Konzepte für die Ewigkeit haben ausgedient. Wie aber wird dieser Anspruch in der Gastronomie umgesetzt? Ich treffe heute immer noch Betriebe, die mit „Uralt-Angeboten" in „Uralt-Stuben" Erfolg haben wollen.

Bei „Uralt-Stuben" spreche ich in diesem Zusammenhang von Resopal-Konzepten aus den 60er- oder 70er-Jahren, nicht von echten, gut erhaltenen und liebevoll renovierten wirklich alten Wirtsstuben!

Eine Speisekarte im Internet (wie innovativ?) mit Gerichten zu Beginn der 70er-Jahre des vorigen Jahrhunderts. Wenn es als Nostalgiekonzept verkauft wird, gut. Aber in diesem Fall war die ganze Karte eine einzige Auflistung alter Gerichte, in immer gleicher Reihenfolge – nur die Preise an den Euro angepasst. Sogar die Spirituosen waren „klassisch" geblieben, kein einziger Trendsetter dabei. Erschreckend: Der Betrieb hat die Übergabe an die junge Generation Anfang des neuen Jahrtausends ohne erkennbare Erneuerung (üb-)erlebt. Das ist sicher ein extremes Beispiel. Manchmal bringt der Generationswechsel sogar zu viel Umschwung mit sich und der Betrieb ist dadurch auch gefährdet. In beiden Fällen wird die Unternehmeraufgabe „Realistische Zielbestimmung" vergessen!

„Es gibt zu viel Gleiches vom Alten"
Matthias Horx, Trendbüro

Von Utopien, Visionen und Zielen

Wodurch unterscheiden sich Ziele von Visionen oder Utopien? Nach allem bisher Gesagten, muss ein „richtiges" Ziel drei Bedingungen erfüllen. Es muss

- motivieren,
- im Bereich eigener Möglichkeiten liegen,
- im Rahmen konkreter Kommunikation mitgeteilt werden können.

Motiv: Die ursprüngliche Bedeutung des lateinischen „motivus" war antreibend. Über das Hauptwort Antrieb besteht eine Verbindung zu mobil und zur Mobilität! Was also in diesem Sinn nicht antreibt und nicht mobilisiert, ist auch kein richtiges Ziel!

PRAXISBEISPIEL Die eigenen Hausaufgaben: Dazu der zum Thema wohl meist zitierte Unternehmer aus Deutschland, Reinhold Würth, der es geschafft hat, seinen Jahresumsatz von 1979 (250 Mio. Euro) nach Plan bis 1998 um das Zweiundzwanzigfache (!) zu erhöhen. Weitere Steigerungen bis heute, nur nicht mehr so rasant, zeichnen die Firma aus.

Lange bevor es in der Managementlehre in Mode kam, hat sich Würth auf das Kerngeschäft konzentriert. Handwerker und Werkstätten sind nach wie vor die wichtigste Klientel der Würth-Gruppe. Die Produktion überlässt Würth in erster Linie anderen Unternehmen. Nur 5 Prozent werden selbst produziert, den Rest kauft der Vorbild-Unternehmer, wo er am besten und billigsten zu haben ist.

Wenn ich nun an die immer wieder geführte Diskussion in der Gastronomie um Convenience denke

Ich habe schon lange eine Vision: Wenn die Lohnkosten noch weiter steigen, wird es in Tourismusorten oder in größeren Regionen „Zentralküchen" geben. Ein besonders dafür geeigneter Betrieb wird mit besten regionalen Produkten für alle kochen. In den Betrieben wird nur mehr der letzte Touch, die persönliche Note, hinzugefügt. Damit kann eine Region viel Bedeutung gewinnen, und es gibt weniger unsinnige Transportwege. Sagen Sie jetzt bitte nicht, mit Systemgastronomie möchten Sie nichts zu tun haben.

Die Küchentechnik hat sich unheimlich weiterentwickelt und schreit förmlich nach solchen Konzepten. Viele Betriebe beziehen heute doch schon einige gut vorbereitete Waren – Sie etwa nicht? Es wäre also nur eine weitere Form von eigener Convenience.

Eines der erfolgreichsten vegetarischen Restaurants in Europa, das Hiltl-Vegi in Zürich, kocht bzw. produziert von Montag bis Freitag und hat trotzdem 7 Tage die Woche geöffnet. Die modernen Produktions- und Regenerationsmöglichkeiten werden hier optimal eingesetzt. Schon 1993 wurden nach einer Zukunftsstudie Cook and Chill und das Online-Bestellsystem mit Handys eingeführt. Eines der obersten Ziele war damals, den Spitzenköchen die gleichen Arbeitsbedingungen wie die Industrie anbieten zu können. Die „richtigen Köche" produzieren, angelernte Kräfte stellen fertig.

Was kann davon nun auf einen kleinen oder mittleren Gastronomiebetrieb übertragen werden?

Das Schlossbräustüberl in Odelzhausen ist schon auf dem Weg dahin. In der Kernzeit wird im À-la-carte-Geschäft nicht mehr produziert, sondern nachts und in den Randzeiten. Das funktioniert natürlich nur, wenn die Köche komplett umdenken lernen. In diesem Fall wird am Abend von zwei Lokalen die „Bestellung" an den Nachtkoch gegeben. Dieser arbeitet den Auftrag ab – und geht dann nach Hause. Dass hier ein steuerfreier Nachtzuschlag die Arbeit versüßt, sei nur am Rande erwähnt. Auf der Kostenseite schlägt auch ein niedrigerer Stromtarif zu Buche. Durch eine Reduktion bzw. Optimierung der Leistungsspitzen beim Strom lassen sich zusätzlich noch Kosten einsparen.

Zurück zu Würth: „Eine Vision in die Diskussion zu werfen ist nutzlos. Man muss Visionen belegen können. Es müssen alle Begrenzungen und Mittel wie der Markt, die Mitarbeiter, die Finanzierung usw. geprüft werden, denn nur wer seine Hausaufgaben gemacht hat, kann Ziele verkünden. Doch wenn die Grundlage solide war, entwickeln solche Ziele eine geradezu magnetische Anziehungskraft."

In der Gastronomie wird nach meiner Erfahrung bei der Zielarbeit die Marktbeobachtung am meisten vernachlässigt. Konkret wird die Frage: „Was habe ich anzubieten – und für wen?" unterschätzt.

Nicht allein das, was ich am liebsten mache, entscheidet über meinen Erfolg und meine Zukunft, sondern auch das, was der Markt fordert!

WICHTIG

Kommunikation: Über unsere Ziele müssen wir konkret und präzise sprechen können. Das bedeutet ausreichend Realität und eine klare Abgrenzung zu Visionen, Utopien und zu Wunschträumen.

Nehmen wir nun meine Idee von der Zentralküche:

Für viele Unternehmer eine „Utopie", weil sie denken, dass sie nur mit individuellen Leistungen bei Essen und Trinken beim Gast punkten können. Für mich eine Vision, weil ich überzeugt bin, dass damit vielen kleineren Betrieben geholfen werden könnte. Vor allem denen, die sich einen Spitzenkoch nicht mehr leisten können.

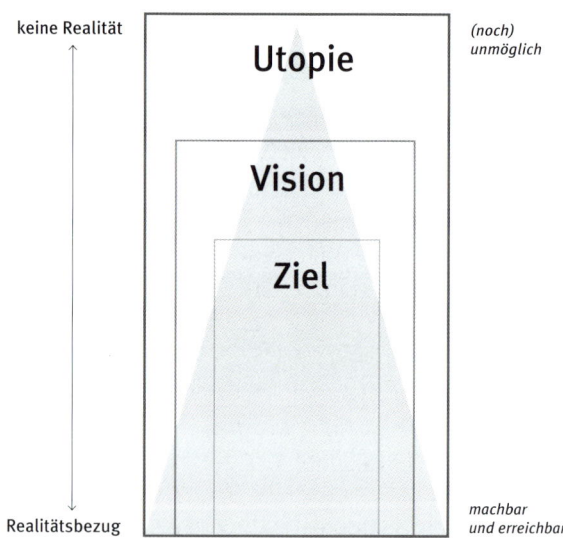

keine Realität

(noch) unmöglich

Utopie

Vision

Ziel

Realitätsbezug

machbar und erreichbar

Ein Ziel wird es für aufgeschlossene Gastronomen werden, wenn sie den Rechenstift in die Hand nehmen.

WICHTIG

Daraus folgt, dass eine Utopie durch die Veränderung von vielen Parametern zu einer Vision werden kann. Unmögliches rückt plötzlich vom Traumland in die Realität.

Ein Ziel ist immer in der Realität verankert. Es ist machbar!

Wichtig ist, Wunschträume von Zielen unterscheiden zu können. Durch den Grad der Realisierungsmöglichkeit meiner selbst gesteckten Ziele entscheide ich, ob ich erfolgreich sein werde.

Mein Beispiel hängt von vielen Faktoren ab. Es erfordert ein komplettes Umdenken auf mehreren Ebenen.

- Einmal beim Unternehmer. Er muss sich Neuem öffnen und mit anderen in ein Boot steigen. Das braucht Vertrauen in die Kollegen. Wer schon Erfahrungen mit Kooperationen gemacht hat, vor allem in kleineren Strukturen, wird hier vielleicht schon skeptisch.
- Ganz besonders bei den Köchen. Nicht nur der Wille zur Zusammenarbeit muss da sein. Sie sind auch fachlich ganz anders angesprochen. Nicht jeder Koch wird mit diesem System arbeiten können oder wollen.
- Bei den Gästen. Hier kommt es sehr darauf an, wie es kommuniziert wird. Wird es als „Notlage" dargestellt, die neue Wege erzwingt, wird wahrscheinlich darüber gemeckert. Stellt sich damit aber eine Region selbstbewusst dar, kann es zur Zauberformel für ausgefallene Leistungen werden.

Ansätze in diese Richtung sind schon einige vorhanden. Denken Sie nur an „Kartoffelwirte", „Bierwirte", „Heuwirte" oder typische regionale Zusammenschlüsse. Sicher kennen Sie selbst schon manches Beispiel aus der Praxis. Es gibt zentralen Einkauf über weite Strecken hinweg, warum also nicht eine zentrale Produktion?

So führen Ziele zum Erfolg

Ziele müssen also **M**otivieren, **M**achbar sein und **M**itgeteilt werden können (3 M). Doch dieser eleganten 3-M-Formel fehlt noch ein wesentliches Detail: die Effektivität. Dazu zwei Beispiele:

Ein Gastronom holt sich einen Marketingberater, um mit ihm seine Ziele zu realisieren. Dieser ist begeistert vom angedachten Konzept, meint aber, da müsste noch „mehr Fleisch an den Knochen". Und baut aus seiner Sicht noch einige ausgefallene Gerichte für den Betrieb dazu. Es wird eine nach außen traumhafte und viel beachtete Kampagne. Der Erfolg kommt lawinenartig. Der Betrieb erreicht dadurch rascher als geplant seine Kapazitätsgrenze. Als Gastronomen brauche ich Ihnen über die Auswirkungen von „gerade noch akzeptablen Leistungen" nichts weiter erzählen als zum Reklamieren zu gut, zum Wiederkommen zu schlecht. Durch die ignorierten Grenzen des Machbaren ging die Effektivität verloren.

Erfolg wird zweifelsfrei auch in Bilanzen dokumentiert. Trotzdem haben Bilanzen einen entscheidenden Nachteil,

3-M-Formel: Motivieren, Machbar sein und Mitgeteilt werden können

PRAXISBEISPIEL

sie stellen immer die Vergangenheit dar. Für die Zukunft sind sie eigentlich schon zu alt. Und sie sagen gar nichts über die tatsächliche Zielerreichung aus. Haben Sie als Ziel die Gewinnung von neuen Gästen aus einem neuen Einzugsgebiet geplant, wie können Sie das in Ihrer Bilanz ablesen? Oder Ihr Ziel, die Nummer 1 für Feste in Ihrer Stadt zu werden? Und damit sind wir wieder beim Thema. Der Sinn eines Ziels ist die Veränderung, die damit erreicht werden soll. Der wichtige Umkehrschluss: Wer nichts wirklich verändert hat, hat auch kein wirkliches Ziel gehabt!

Wirklich kommt von wirken/Wirkung. Die älteste Wurzel von „wirklich" ist das „Werk"!

Die Konsequenz für uns

Erst die Umsetzung macht Wissen wertvoll

Die am meisten gestellte Frage der Unternehmer „Warum tun die Leute nicht, was sie sollen?", ist so berechtigt wie nutzlos. Ständiger Austausch ist überall notwendig, wo Kommunikation klappen soll. Nicht nur in der Gastronomie! Unternehmensziele werden also nicht durch ihre Verkündigung wirksam. Umgesetzt werden sie erst dann, wenn die Mitarbeiter sie aus eigenem Antrieb und mit eigenen Worten formulieren und den Sinn ihrer Arbeit daraus ableiten. Das ist aber nur möglich in Betrieben, in denen die Chefs das, was sie „vorgeben", auch „vorleben". Der Idealzustand tritt ein, wenn die Mitarbeiter in die Formulierung und Umsetzung von Zielen eingebunden werden. Wissen allein ist „Müll". Wissen wird erst dann zu dem viel gepriesenen Rohstoff der Zukunft, wenn es zu konkreten Zielen und den damit zusammenhängenden Verhaltensänderungen führt.

Anschauliches Negativbeispiel: Der klassische Kellner alter Schule. Er verfügt über reichlich Fachwissen, vergrault aber durch seine Arroganz viele Gäste. Die richtigen Ziele lassen sich auch mit diesem einfachen Dreieck darstellen. Wichtig ist, dass das Dreieck gleichschenkelig – das heißt gleichwertig – ist. Alle Parameter im Dreieck, also das festgelegte Ziel, Ihre eigene Person und Ihre Familie oder Ihre Partner und Ihr Team, sind veränderbar. Wenn irgendetwas daran nicht stimmt, können Sie darauf reagieren. Sie können Ihre eigene Einstellung oder Ihren Wissensstand verändern. Sie können jetzt mit Ihrer Familie oder Ihren Partnern im Geschäft Veränderungen aushandeln. Es ist möglich, Ihr Team zu verändern, weiterzubilden oder zu coachen. Sie können auch Ihr Ziel verändern, wenn Sie merken, dass es mit den vorhandenen Ressourcen nicht erreichbar ist. Etwas können Sie auf keinen Fall verändern: Das, was sich Ihrem Einflussbereich entzieht, was „außen herum liegt". Das sind einmal die allgemeinen Rahmenbedingungen, die jeden Unternehmer aller Branchen mehr oder weniger betreffen. Dann Ihre eigene Umgebung und die Ihres Standortes. Wenn Ihr Haus keine ideale Lage hat, können Sie es nicht einfach ein paar Kilometer weiter tragen. Sie müssen sich genau mit den Gegebenheiten arrangieren. Dass dies funktioniert, sehen wir immer wieder an Betrieben, die durch geschickte Nischenstrategie an unmöglichen Standorten erfolgreich agieren.

Ziel

Grafik TZI

Ich
Unternehmer

UMFELD

Die „anderen"
Mein Team

Das Auseinanderhalten von veränderbaren und unveränderlichen Gegebenheiten hilft gegen sinnloses Lamentieren und Jammern. Es zwingt zum Handeln!

WICHTIG

Handeln Sie also in den Bereichen, die Ihnen offen stehen, und vergeuden Sie keine Energie an sinnlose, weil unveränderbare Tatsachen. Sie richten Ihre Wohnung wahrscheinlich auch passend in den vorhandenen Wänden ein und bauen nicht die Wände um, nur weil Sie ein Lieblingsmöbel unbedingt unterbringen wollen. Es gibt Unternehmer, die aber alle Chancen des Systems ausnützen und keinen Cent verschenken. Das bedeutet eben „Einrichten in den vorhandenen Möglichkeiten".

Es ist der Einstieg in einen Prozess, an dem alle Betroffenen mitarbeiten können. Empfehlenswert ist, wirklich alle
Mitarbeiter an so einer Maßnahme teilhaben zu lassen.
Es ist ganz einfach durchzuführen. Voraussetzung ist,
dass Sie nach Dienstplan alle unter einen Hut bringen.
Ansonsten kann das auch in Etappen organisiert werden.
Innovative Betriebe verbinden es mit dem Jahresausflug.
Also Spaß mit ernsthafter Arbeit. Durch das Ausklinken
aus dem bekannten Umfeld verändert sich die Stimmung
ganz enorm. Es dürfen plötzlich auch Themen angeschnit-
ten werden, die im Betrieb regelmäßig Stress oder Streit
verursachen.

WICHTIG

**Eine „Zukunftswerkstatt" ist eine sehr effektive
Methode, wenn ein Betrieb verändert werden soll
oder gemeinsame Ziele gesucht werden.**

Allerdings gibt es einige Bedingungen zu erfüllen: Die Inhaber oder die Führungskräfte müssen in der Lage sein,
so ein Szenario zu steuern. Vorher schon muss geklärt
werden, wo die Reise hingehen soll. (Nein, nicht das Aus-
flugsziel ist gemeint, sondern die angestrebte Veränderung.) Am einfachsten ist es, dafür einen externen Moderator einzusetzen. Dieser hat den Vorteil, dass er nie Teil
des Systems ist und daher frei agieren kann. Vor allem
ist er eines ganz sicher nicht: Betriebsblind und vorein-
genommen.
Auf Pinnwänden (oder Flipcharts) werden Fragen gestellt,
die die anstehenden Veränderungen skizzieren. Auch Wünsche und Vorstellungen der Mitarbeiter müssen abgefragt
werden. Die Herausforderung besteht darin, die richtigen
Fragen zu stellen. Deshalb kommen Sie um eine konkrete
Vorstellung davon, was erreicht werden soll, nicht herum.

Offene Fragen, die gestellt werden können
Offene Fragen sind Fragen, die eine selbst verfasste Antwort erfordern und nie nur mit Ja oder Nein zu beantworten sind. Ihr Fragenkatalog richtet sich danach, was Sie
erreichen wollen. Sie haben mehrere schon ältere oder
sehr langjährige Mitarbeiter. Ein oft gebrauchter Satz lautet: „Das haben wir schon immer so gemacht." Sie wissen
nun, dass einige Serviceleistungen überarbeitet werden

müssen, um eine erwartete Qualität zu bieten. Alte Zöpfe sollen abgeschnitten werden, um neue Ziele zu erreichen. Eine mögliche Frage, um die Qualitätsdiskussion in Gang zu bringen: „Qualität ist das Erfüllen aller Gästeerwartungen – was denken Sie, erwartet unser Gast?"

Also wieder Zielarbeit zuerst!

„Sie sind Gast bei uns, was erwarten Sie bei uns?"
Um diese Frage noch konkreter werden zu lassen, können Sie noch alle Ihre Werbemittel ins Spiel bringen mit dem Zusatz: „Sie haben unsere Anzeige in der Zeitung gelesen, unseren Flyer mitgenommen ..."
Ergänzende Detailfragen:
„Wie möchten Sie begrüßt werden?"
„Welche Speisen sollen angeboten werden?"

Anwendung von DPV® – Stellen Sie Ihre Mitarbeiter auf die andere Seite. Lassen Sie sie Gast spielen

„Wie lang sind Sie bereit, auf Ihr Hauptgericht zu warten?"
„Soll immer ein Mitarbeiter für Sie sichtbar und ansprechbar sein?"
Sie merken schon, mit DPV® können Sie alle Ihre „Ärgerpunkte" elegant verpacken. Die Mitarbeiter wünschen sich nämlich als Gast genau das, was sie selbst manchmal nicht leisten. Zielgerichtete Fragen zu stellen ist eine Kunst, die Sie erlernen können.
Noch mehr Qualität:
„Kennen Sie Gästewünsche, die wir noch nicht erfüllen?"
Fragenkatalog für den Aufbruch zu neuen Ufern:
„Was können wir Ihrer Meinung nach am Besten?"
„Wenn das nun Ihr eigener Betrieb wäre, was würden Sie als Erstes verändern?"
„Was würden Sie auf gar keinen Fall verändern?"
„Welche Veränderung wünschen Sie sich an Ihrem Arbeitsplatz?" (Lassen Sie sich nicht davon beeindrucken, dass die Realisation eventuell schwierig erscheint.)

Geschlossene Fragen mit der Möglichkeit zu punkten

Geschlossene Fragen können nur mit Ja oder Nein beantwortet werden. Ein Punkt bei einer Frage steht für ein Ja. Denken Sie bitte bei allen Fragen an die möglichen Folgen. Die Frage nach dem Arbeitsplatz zum Beispiel kann gefährlich sein, wenn Sie wissen, dass es wirklich große Probleme in bestimmten Bereichen gibt.
Nun geht es an das Auswerten und Bewerten der einzelnen Beiträge. Ähnliche Vorschläge werden zusammengeführt und auf den wesentlichen Inhalt reduziert. Bei

unklaren Ausführungen können noch Fragen gestellt werden. Der Verfasser kann sich dazu äußern, muss es aber nicht zwingend. Nicht jeder will oder kann das tun.

Eine weitere Möglichkeit für etwas größere Betriebe bietet ein Forum. Dieses wird mit einer kurzen Vorstellung, was das Ganze soll, eröffnet. Die Funktion und die Spielregeln der Methode werden geklärt. Das Forum bleibt über einen von vorneherein festgelegten Zeitraum offen. Voraussetzung ist, dass genügend Platz für Pinnwände vorhanden ist. Jeder Mitarbeiter kann seinen Beitrag anonym oder mit Namen beisteuern.

Zum Abschluss werden die Fragen möglichst wieder gemeinsam gesichtet und ausgewertet. Ein klares Protokoll darüber ist zwingend. Ansonsten verlieren die Arbeitnehmer die Motivation, sich noch einmal zu beteiligen.

Durch die Zukunftswerkstatt (benennen Sie es in Ihrem Betrieb auch gerne anders, wenn Sie möchten) sind Veränderungen plötzlich keine Bedrohung mehr, sondern immer Entwicklungs-Chancen!

Setzen Sie nach der Veranstaltung unbedingt sofort etwas um

Am aufregendsten ist für alle Beteiligten immer die erste Maßnahme in dieser Form. Der Aufwand lohnt sich aber auf jeden Fall. In „lebendigen Betrieben" wird jedes Jahr etwas verändert, um die Lebenskurve des Unternehmens oben zu halten.

WICHTIG

Verändere täglich eine Kleinigkeit in deinem Betrieb, und du wirst in einem Jahr einen ganz anderen Betrieb haben!

In erfolgreichen Unternehmen werden Anregungen und Verbesserungsvorschläge aus dem Team immer ernst genommen. Wenn Sie keinen festen Termin für eine „Jahresveranstaltung" haben, sollten Sie laufend Ihr Ohr auch bei den Mitarbeitern haben. Wie Sie deren Anregungen und Verbesserungsvorschläge, aber auch Kritik, am besten erfassen, ist Ihnen überlassen. Wichtig ist nur, dass Sie nichts verlieren. Es gibt Gedankenboxen zum Einwerfen, die Schatzkiste, ein schönes Buch zum Eintragen – lassen Sie Ihrer Fantasie freien Lauf! Damit das aber ernst genommen wird, müssen Sie die ABC-Analyse der Vorschläge regelmäßig machen.

ABC-Analyse
- ▶ A-Vorschlag sofort umsetzbar
- ▶ B-Vorschlag mit Veränderungen umsetzbar
- ▶ C-Vorschlag im Moment nicht umsetzbar

Ein A-Vorschlag wird sofort umgesetzt, ohne Wenn und Aber. Manchmal kommt sogar während einer Arbeit eine gute Idee, die gar nichts extra kostet. Unterstützen Sie solche Beiträge von ganzem Herzen! Das kann das Umstellen eines Gerätes sein, die Präsentation eines Produktes, eine Deko-Idee und vieles andere. Alle dafür benötigten Mittel sind schon vorhanden, es fehlt nur das TUN.
Ein B-Vorschlag muss erst überarbeitet und dann so schnell wie möglich umgesetzt werden. Er erfordert eventuell sogar eine Investition, die genau bedacht werden muss.

Es gibt keine unbrauchbaren Vorschläge. Im „Nicht-Wertschätzen" von Mitarbeitergedanken steckt eine große Demotivationsfalle!

Der C-Vorschlag ist im Moment nicht brauchbar und wird aufbewahrt. Es gibt keine unbrauchbaren Vorschläge. Durch Veränderungen könnte das irgendwann der „gesuchte verrückte Einfall" sein, der eine Aktion erst so richtig aufpeppt!
Vorschläge werden belohnt. Nicht unbedingt mit Geld, sondern lieber mit Vergünstigungen wie Dienstplangestaltung nach Wunsch, Weiterbildungsgutscheinen, Kinokarten oder Essensgutscheinen bei interessanten Mitbewerbern. Schauen wir hier wieder einmal zur Industrie. Dort werden Vorschläge, die zu tatsächlichen Veränderungen und nachgewiesenen Verbesserungen führen, sogar fürstlich entlohnt. Obwohl es prinzipiell eine Verpflichtung des Arbeitnehmers ist, zum besten Ergebnis der Firma beizutragen. Geld ist nach meiner Erfahrung der kurzfristigste Motivator. Wenn die Scheine ausgegeben sind, ist der Belohnungsgrund meist schon vergessen.
Trends werden von Erfolgsbetrieben aufmerksam verfolgt und auf die Tauglichkeit und Umsetzbarkeit im eigenen Unternehmen hinterfragt. Nur wenn etwas nahtlos in das eigene Angebot aufgenommen werden kann, wird es

auch umgesetzt. Bloß weil etwas „in" ist oder weil es der direkte Mitbewerber schon erfolgreich tut, muss es nicht unbedingt zum eigenen Betrieb passen.

Das Wichtigste in den Erfolgsbetrieben: Der Verfasser der Idee wird veröffentlicht! Damit schließt sich der Motivationskreislauf.

Für mich sind abgekupferte, eins zu eins kopierte Konzepte absoluter Schwachsinn! Für „Unternehmer", die selbst etwas „unternehmen", kommt das nicht in Frage. Wohlgemerkt, ich spreche dabei von abkupfern, nicht vom Weiterentwickeln guter Ideen, denn meistens ist der „Erste" oft auch der „Beste". Also habe ich in seiner Nähe keinen Platz. Empfehlen kann ich aber jedem, eine Erfolgsstory genau anzuschauen und zu überlegen, was daraus für einen selbst passt. Es sind ja viele kleine Bausteine, die den Betrieb erst erfolgreich machen. Alleine durch einen anderen Standort kann mir etwas Wichtiges fehlen. Oder eben noch besser funktionieren. Für Ängstliche bieten sich natürlich bewährte Franchisekonzepte an – da ist das Abkupfern ein Muss. Aber das ist bekanntlich eine andere Geschichte.

Viele kleine Bausteine machen einen Betrieb erst erfolgreich!

Nach dem Erscheinen der ersten Auflage dieses Buches bis heute, der vierten Auflage, habe ich viele erfolgreiche Gastronomen kennengelernt. Immer wieder habe ich mir die Frage gestellt, was denn nun wirklich ihren ganz persönlichen Erfolg ausmacht. Was unterscheidet sie von ihren Mitbewerbern, die nicht so gut im Markt stehen?

Ausnahmslos alle beherzigen intuitiv die Bausteine aus dem cleveren Gastronom. Allerdings sind die Prioritäten, nach denen gehandelt wird, sehr unterschiedlich ausgeprägt. Und zu Ihrer eigenen Beruhigung, falls Sie noch auf der Suche sind: Fast jeder hat einen Baustein, den er etwas vernachlässigt. Aber man braucht ja immer wieder neue Ziele. Vielleicht lohnt es sich dann für die nächste Zeit, den noch fehlenden Baustein zu bearbeiten?

Interessant ist auch die realistische und kritische Selbsteinschätzung der Erfolgsgastronomen. „Ich bin da besonders gut, aber das liegt mir nicht so." Daraus ziehe ich den Schluss, dass in jedem Betrieb noch Entwicklungspotential steckt – selbst in einem sehr gut aufgestellten.

Wichtig: Jeder Betrieb muss sich von innen nach außen entwickeln – nicht umgekehrt!

Entwickeln Sie Ihren Betrieb von innen nach außen – nicht umgekehrt. Selbst wenn Ihnen das Marketing-Gurus einreden wollen!

Das heißt konkret: Erst die Hausaufgaben – was ist unser Ziel – und dann das Marketing dazu. Manche starten genau anders herum. Das kann aber nicht funktionieren. Das beste Marketing verläuft im Sand, wenn Ihre Leistungen nicht dazu passen.

Erfolgswirte und ihre Strategien

Die folgenden Interviews führte Franziska Schumacher, GastroPower.

Ziele finden, Restaurantmarketing, Mitarbeiterführung und aktiver Verkauf in einem...

Gasthof zur Linde, Wildenbruch
Bärbel und Ralf Weißmann – Quereinsteiger
Kapazität:
a la carte: Restaurant 60 Plätze, Wintergarten 50 Plätze
Bankett: Tenne 100 Plätze
Außenbereich: Kastanie 40 Plätze, Hofgarten 150 Plätze, Grillgarten 200 Plätze
Zimmer: 6 Doppelzimmer
Mitarbeiter: 20 Vollzeit, davon 3 Auszubildende

Familie Weißmann lebt den „Cleveren Gastronom"
seit etwa drei Jahren ...

Was ist Ihr Ziel?
Spuren statt Staub!!! (siehe Buchempfehlung Seite 185)
Eine hervorragende, kontinuierliche Gastfreundschaft/ Gastronomie auf dem Lande an 364 Tagen mit einem begeisterten Hochleistungsteam leben.

Durch das gleichmäßige Gästeaufkommen einen immer leicht steigenden Umsatz erzeugen zur Sicherung und Planung unserer Zukunft und aller damit verbundenen Vorhaben.

Verbinden Sie
Altes mit Neuem

Innovative Produkte mit Traditionellem verbinden, z. B. Creme-Eis vom Teltower Rübchen und klassischer Sonntagsbraten sowie sinnstiftende Erlebnisse mit einem hohen Mehrwert für den Gast erzeugen. Beispiel: Unsere Kochschule für Kinder mit Aufklärungskunde zu Ware, Geschmack und Einkauf.

Persönliche Entlastung für eine geradlinigere Geschäftsführung, ein besseres Verhältnis zwischen Anspannung und Entspannung, und das längst zugesagte aktive Familienleben.

Wie würden Sie sich selbst beschreiben?

Kommunikativ, anspruchsvoll, hohe soziale Ausgewogenheit, guter Geschmack, verwöhnt, großzügig, kann andere Menschen schnell begeistern, Hang zum Perfektionismus, ständig visionierend, hohe Anforderungen an sich selbst und andere stellend, will viel – zu schnell, kann schwer abschalten, sehr gutmütig, liebe meine Familie (fragen Sie meine Frau...)

Die weiteren Zutaten für Ihren Erfolgsbetrieb?

Als wir im Jahr 1991 eröffneten, der Tag an dem wir eigentlich pleite waren, ahnten wir nicht was möglich ist. Meine Frau als Marktleiterin und ich als Dachdecker, welch günstige Voraussetzungen...

Dennoch haben wir als Seiteneinsteiger schnell gemerkt, worauf es im Gastgewerbe ankommt und haben uns von der ersten Stunde an um unsere Gäste gekümmert, ihnen zugehört und waren hundertprozentige Dienstleister. Der Umgang mit Mitarbeitern und Lieferanten war immer zielführend, anspruchsvoll und nach vorne gerichtet – jedoch fair. Alles braucht seine Zeit und so hat es 18 Jahre gedauert, bis der „kommunistische Müllhaufen" (Wildenbruch liegt in den neuen Bundesländern, vor den Toren Berlins) komplett saniert war. Dennoch sind wir auch da noch lange nicht am Ende unserer Vision.

Was hält Sie selbst auf der Spur?

Die tägliche Begeisterung, das Feedback der Gäste und das ständige Wachstum geben uns die Power und die nötige Kraft mit allen Herausforderungen fertig zu werden. Zusätzlich soll der Gast bei uns immer NEUES erleben. Allerdings behalten wir auch bewährte und beliebte Themen bei. Denn nicht alle Gäste wollen nur neue Erlebnisse.

Sie starten also laufend Aktionen, die sich gut vermarkten lassen, die auffallen?

Unsere Aktion „Singles mit Kids" im Rahmen des „Bärenstarken Tages" sind eigentlich „alte Hüte", dennoch in der jetzigen Zeit hochaktuell und stark nachgefragt. Das historisch gewachsene Jazzkonzert in der Dorfkirche mit Empfang am prasselnden Feuer mit Flammkuchen und anschließendem Themenessen sind gewachsene Veranstaltungen mit Durststrecke, jedoch Kontinuität. Ganzjährig sind wir der Betrieb für Feiern in jedem Rahmen. Der natürliche Jahresreigen wird mit ausgefallenen Themen besetzt, um mehr Interesse bei den Gästen zu wecken.

Welche Marketingaktivitäten setzen Sie dafür ein?

Seit 1991 setzen wir auf Direktmarketing, welches wir anfänglich intuitiv gestartet hatten nach dem Prinzip des Aktionismus. Immer wenn Gäste fehlten, sandten wir Flyer o.ä. an die gesammelten Adressen. Heute passiert dies laut Marketingplan strukturiert und wird vom Gast hoch honoriert. Der Versand mit dem historischen Brief und persönlicher Ansprache ist im Geschäftsleben relativ selten geworden. Das nutzen wir gezielt aus. Zusätzlich punkten wir natürlich auch bei den neuen Medien. Unsere Internetseite ist tagesaktuell. Das schaffen wir mit dem von einem Profi auf uns zugeschnittenem System, das wir in bestimmten Bereichen selber pflegen können. Wenn es sein muss, sogar aus dem Urlaub! Kooperationen mit Internetportalen, bzw. gefunden werden im Net, ist für jeden Betrieb unabdingbar. Bitte googeln Sie mal nach: „Bosseln, Gasthof". Wir liegen jetzt schon vor Ostfriesland... obwohl das ja dort der traditionelle Winter-Spaß ist.

Aktualisieren Sie täglich Ihre Internetseite!

Sie beschreiben in Ihrer Speisekarte auch regionale Kooperationen – Wie haben Sie alle unter einen Hut gebracht?

Auch hier sind neue Wege zu beschreiten. Unsere neueste Marketingidee „Gehen Sie uns auf den Keks" – das süßeste Lesezeichen Brandenburgs. Dieses wird unseren Partnern, wie z. B. dem Blumenladen, Zahnarzt oder Naturparkzentrum und weiteren überlassen, um von den langweiligen Flyern wegzukommen und dadurch das Untertauchen in der Masse zu vermeiden. Natürlich ist es viel aufwändiger Kekse zu backen, appetitlich zu verpacken und entsprechend zu verteilen. Aber die Aufmerksamkeit dafür und der direkte Rücklauf wiegt die Mühe vielfach auf. Denn wie oft können Sie Ihre Werbewirksamkeit gar nicht messen? 50 % des Marketings sind ja angeblich umsonst – nur weiß keiner welche...

Welche Kriterien muss ein Partner erfüllen, um mit Ihnen zu kooperieren?

Im Vordergrund steht die Atmosphäre des „Beziehungsgeschäfts"! Eine normale Geschäftsbeziehung im herkömmlichen Sinn kommt für uns nicht in Frage. Die Zeit von DU lieferst MIR etwas und ich bezahle dann irgendwie, irgendwann, ist vorbei! Win-win ist angesagt! Beispiel: Ich stelle meinem Gast die Lesebrille des befreundeten Optikers in Berlin zum Entdecken seines Lieblingsgerichtes in der Speisekarte zur Verfügung, und der Optiker legt seinen Kunden unsere Lindenkekse an seinen Espresso. Anderes Beispiel: Unsere Lieferanten aus der Region besuchen wir und tauschen uns aus. Die Preise für frische Produkte werden weitestgehend akzeptiert, dennoch wird mit dem Großhandel straff verhandelt und klare Festpreise für das Jahr vereinbart. Über entsprechende Qualität und Güte brauchen wir an dieser Stelle nicht sprechen.

Wie garantieren Sie Ihren Gästen Qualität?

Erstens machen wir keinen Kompromiss bei der Frische unserer Produkte und bei der Einhaltung unseres Konzeptes. Hier herrscht absolute Ehrlichkeit unserem Gast gegenüber.

Zweitens durch unser Lindenhandbuch: Unser mit dem Team erarbeiteter Qualitätsstandard, angelehnt an die tatsächlichen Abläufe unseres Betriebes, verknüpft mit der Erfahrung der letzten Jahre.

Wie halten Sie bei all dem Schwung auch Ihre Mitarbeiter auf „Kurs"?

Durch unsere Vision, dem ständigen Weiterentwickeln von neuen Konzepten, ein langfristiges Denken und einen klaren, sicheren Jahresablauf. Ein besonders wichtiger Punkt sind die transparenten Informationen an alle Mitarbeiter. Diese Infos bringen alle Mitarbeiter auf den gleichen Stand und jeder kann dann persönliche Verantwortung für die Sicherung der Qualität leisten. Achtwöchig treffen sich alle Teamplayer zum Info-Austausch. Dabei werden ALLE Zahlen, Daten, Fakten und Neuerungen kommuniziert. Täglich findet um 11 Uhr ein Kurz-Meeting mit den an diesem Tag eingesetzten Mitarbeitern statt. Hier wird ausgetauscht wer, was, wie, warum und wann heute macht. Dies ist auch der Moment einer Obstpause im Rahmen der persönlichen besseren Ernährung. Der Milchkaffee darf dennoch nicht fehlen...

Durch die Auslage einer Feedbackkarte auf den Gästetischen bekommen wir unmittelbar Hinweise von unseren Gästen. Diese werden zeitnah mit dem Team ausgewertet und mit den Betroffenen der Schicht besprochen und lösungsorientiert umgewandelt.

Je nach Bedarf finden Einzelgespräche zur Ausrichtung und Persönlichkeitsentwicklung mit der Geschäftsführung statt. Im Tagesgeschäft schauen wir alle gegenseitig auf den Anderen, nach dem Motto: „Wie geht es dir?".

Vision und langfristiges Denken motivieren!

Gibt es auch eine jährliche Strategiesitzung, oder wie nennen Sie das?

Ja, die gibt´s bei uns sogar zweimal. Im Frühjahr machen wir eine Jahreszielplanung, im November einen Strategieworkshop mit einem professionellen Moderator.

Kennen Ihre Mitarbeiter die Motive, warum Ihre Gäste zu Ihnen kommen?

Schauen Sie sich unsere Vision einfach mal an.

Unsere Vision

Uns ist zu jeder Zeit bewusst, dass die Zufriedenheit unseres Gastes im Mittelpunkt steht. Wir leben die Brandenburgische Gastlichkeit durch familiäre und herzliche Atmosphäre. Unsere traditionelle und gesundhe bewusste Küche verwendet frische Produkte aus der Region. Wir förder und fordern unsere Mitarbeiterinnen und Mitarbeiter. Wir pflegen unse Ambiente und verbessern es kontinuierlich. Unser Tun & Wirken ist dard ausgerichtet, bis zum Jahr 2012 der beste Landgasthof in Berlin & Brandenburg zu sein. Um diese Ziele zu erreichen, achten wir auf den Menschen – wir anerkennen, akzeptieren und wertschätzen ihn.

Freundlich-natürliche
Gastfreundschaft

Herzlich, familiär,
festlich, gepflegt ...

**Gastgeberin, Service-
Leitung, Gästezimmer**
Sandra Glanze

Familien- und
kinderfreundlich ...

Die Erwartungen des
Gastes noch übertreffen ...

Unser Erfolg ist die Be-
geisterung unserer Gäste

**Ausbildung
3. Lehrjahr**
Martin Stein

**Veranstaltungen
outside**
Guido Reihs

**Assistenz der
Geschäftsführung**
Kathleen Beck

Die Traditionen hochhalten und
mit der Zeit gehen – so sind wir ...

In ursprünglicher Umgebung,
direkt am Naturschutzgebiet ...

Buchhaltung
Waltraud Metzing

Küche à la carte
Michael Kesselhut
Marco Sobierajski

Küche
Birgit Böttcher
Achim Stehr

Ein Ort, an dem sich alle
Generationen entspannen ...

Service à la carte
Martin Rüffert, Yvonne Zieneke, Sandra Matzek,
Antje Gäbler, Manuela Albrecht

Leistungstranzparenz, das heißt
Produkte mit gleichbleibendem
Qualitätsanspruch ...

Kulinarische Genüsse, erlebnisreiche
Veranstaltungen – das ist die Linde ...

Wohlfühlen – von der ersten
bis zur letzten Sekunde ...

Authentischer Dorfcharakter,
historisch saniertes Gebäude,
wie zu Omas Zeiten ...

Inhaber, Geschäftsführer
Ralf & Bärbel Weißmann

Unser Motto: Brandenburger Gastlichkeit – aus Leidenschaft

Welche Spielregeln ergeben sich aus Ihrer Vision?

Jeden Tag unsere Gäste zu begeistern. Es muss ein ausgewogenes Verhältnis zwischen allen Bereichen und der Kommunikation geben.

Haben Sie ein persönliches Führungsgeheimnis?

Mit mir kann man immer reden. Und wenn es brennt - sofort. Auch privat. Ich stehe hinter meiner Mannschaft und bin loyal. Das Team kann sich auch auf mich verlassen.

Ihre Mitarbeiter sind serviceorientiert und immer unterwegs bei den Gästen. Sie verkaufen aktiv, aber nicht aufdringlich. Wie erreichen Sie das?

Bereits bei der Einstellung neuer Teamplayer achten wir auf den Menschen und nicht den TOP-Verkäufer. Wir leben ein hohes Maß an ehrlicher Gastfreundschaft vor. Unser Ambiente sorgt gleichermaßen für einen Wohlfühleffekt und Vorverkaufsfaktor. Wenn die Produkte und das Ambiente attraktiv sind, werden sie gern abgekauft. Ein riesiger Unterschied zu „wie kann ich etwas an den Mann bringen". Wir setzen auf Gastgeber und nicht auf klassische Verkäufer.

> Setzen Sie auf Gastgeber und nicht auf Verkäufer!

Sind mögliche Zusatzverkäufe Ihren Mitarbeitern bewusst? Wie werden sie dabei unterstützt?

Teilweise werden Zusatzverkäufe aus fehlender Zeit auch vergessen. Manchmal aus Angst, Neben- oder Vorarbeiten nicht zu schaffen. Das gebe ich gerne zu. Aber es ist nicht die Regel! Hier wird ein großes Potenzial noch nicht ausgeschöpft und es mangelt am Selbstbewusstsein. Das ist auch einer der Punkte, an dem wir für die nächste Zeit noch Ziele für das Team festmachen können. Hier stecken für Einzelne noch gut messbare und nachvollziehbare Erfolgserlebnisse drin.

Unterstützung gibt die verkaufsstark bebilderte Eiskarte, die Biokarte und die empfohlenen Tagesangebote der frischen Küche. Der Teamleiter lebt das Angebot vor (bietet z. B. Digestif direkt aus der Flasche am Tisch an) und alle machen es nach. Kaffee und Digestif wird konsequent ab-

*gefragt, nach dem Service laden wir alle Gäste auf Linden-
wasser ein – bis zur Verabschiedung. Im Bankettbereich
wird das meiste bei der Absprache geklärt. Wir nehmen
uns viel Zeit dafür. Dadurch kann der Service sich voll an
seinen Ablauf halten und alle Gästewünsche optimal erfüllen.*

Wirtschaftlichkeit im Gastronomiebetrieb

Landgasthof Schanz, Rothkreuz
Birgit und Andreas Öller
Kapazität: Lokal 120 Plätze, Stadel 70 Plätze,
Brennhaus 30 Plätze
Mitarbeiter: 10 bis 12 Vollzeitkräfte

*Ihre Zahlen sprechen Bände. Sie arbeiten mit einem
sehr jungen Team. Sie produzieren (fast) alles selbst.
Sie haben Kennzahlen, die auf den ersten Blick unwahrscheinlich klingen, wie z. B. ein Küchen-Wareneinsatz von
22,5% und Personalkosten von 24,8%. Der Wareneinsatz
in der Küche liegt sogar um 2 % unter dem der Getränke.
Laut Aussage unseres Steuerberaters ist diese Konstel-
lation eine absolute Ausnahme – und er betreut etwa 50
Gastronomiebetriebe.*

Wie erreichen Sie diesen Küchenwareneinsatz?
In erster Linie mit eiserner Disziplin und Konsequenz...
Punkt eins: Möglichst alles selbst produzieren, wie Brot,
Nudeln, Maultaschen.

25 % aller gekauften
Lebensmittel
werden in Deutschland
weggeworfen!

Punkt zwei: Nichts verderben lassen oder wegwerfen
(Chefs sollten ab und zu ihre Bio-Tonne kontrollieren!).
Alles hochwertig verarbeiten, Anlieferung immer kontrollieren. Laut einer Studie werden in Deutschland 25 % der
gekauften Lebensmittel weggeworfen. Da reiht sich die
Gastronomie auch oft ein.
Machen Sie doch diese einfache Beispielrechnung: Wareneinsatz 35 % minus der weggeworfenen Lebensmittel
25 % = 35:4 x 3 = 26,25 % Wareneinsatz!

In Zahlen: Monatsumsatz 50.000 Euro, Wareneinsatz 35 % = 17.500 Euro, Einsparung der 25 % = 4.375 Euro – ergibt im Jahr 52.500 Euro!

Punkt drei: Rauchverbot für alle während der Dienstzeit! Erfahrungsgemäß werden Minimum 10 bis 12 Zigaretten pro Person und Tag geraucht. Bei nur fünf Minuten Rauchdauer pro Zigarette ergibt das am Tag 60 Minuten – oder eine ganze Stunde verlorene Arbeitszeit. Rechnen Sie weiter hoch: Bei sechs Rauchern am Tag, in der Woche, im Jahr... Was könnte man in dieser Zeit alles machen. Von der Hygiene gar nicht zu sprechen. Die fünf Minuten dürfen laut Gesetz nicht als Pause angerechnet werden. Diese beginnt erst bei 15 Minuten. Wenn der Chef selber raucht, wird das aber meist geduldet. In besonderen Fällen sogar gefördert.

Punkt vier: Kennen Sie Ihren stündlichen Umsatz? Nur durch genaue Analyse können Mitarbeiter auch effizient eingesetzt werden.

Punkt fünf: Sauberkeit, Sauberkeit, Sauberkeit! Kühlkette nicht unterbrechen.

Punkt sechs: Knappe Lagerhaltung, Lieferanten minimieren und die besten nehmen.

Punkt sieben: Bei Braten oder anderen ganzen Stücken das Rohgewicht als Grundlage der Kalkulation nehmen. Festlegen, wie viele Portionen gemacht werden müssen und konsequent über die Kasse die tatsächlich verkauften kontrollieren. Arbeiten, die nie überprüft werden, sind nichts wert. Das hat absolut nichts mit Misstrauen zu tun!

Apropos Kalkulation: Erstellen der Kalkulation – Rezepturen festschreiben, inklusive des Zeitaufwandes. Denn es ist unwahrscheinlich, aber wahr: Die beiden höchsten Kosten in der Gastronomie, nämlich Wareneinsatz und Personalkosten werden meistens geschätzt. Wir kennen beide Faktoren pro Gericht. Wir arbeiten mit dem Kontenrahmen SKR70 für die Gastronomie, um Kosten genau zuordnen zu können.

Verraten Sie unseren Gastronomen einige wichtige, häufig nicht beachtete Einsparmöglichkeiten?

1. *Die Küchentechnik sollte auf dem neuesten Stand sein. Wir haben schon seit 1995 Induktionsgeräte im Einsatz. Alleine im ersten Jahr haben wir 5000 Euro an*

Energiekosten eingespart. Von der Zeiteinsparung und der Qualitätsverbesserung durch Verwendung gesunder Fette und anderer Faktoren gar nicht zu sprechen. Der Fettabscheider wurde früher zwei Mal im Jahr geleert. Jetzt nur noch einmal – und da ist er erst halbvoll.

2. Friteuse täglich filtern erhöht die Lebensdauer des Fettes. Dieses vergessen übrigens viele Köche beim Kalkulieren der Pommes!

3. Fleisch genau abwiegen – Waage an jedem Arbeitsplatz in der Küche!

4. Parüren vom Fleisch gezielt weiterverarbeiten – Hack- oder Klärfleisch, Gulasch.

5. Gemüseschalen für Soßen und Bratenansatz verwenden. Respekt vor jedem zu verarbeitendem Lebensmittel ist oberstes Gebot. Wenn Sie beste Ware einkaufen, haben Sie auch nichts zum Wegwerfen!

Haben Sie eine Checkliste, z. B. zum Einkaufsmanagement?

Professionelles Einkaufsmanagement birgt attraktive Einsparpotentiale! Entwicklungen wie knapper werdende Erträge durch klimabedingte Ernteausfälle, steigende Energiekosten und erhöhte Logistikpreise betreffen natürlich auch unsere Branche. Da hilft nur professionelles Einkaufsmanagement, um Einsparpotentiale zu ergründen und den Gewinn zu maximieren. Mit ein paar Tricks können Sie den Preissteigerungen entgegenwirken, so dass die Erhöhungen erheblich sanfter ausfallen.

1. *Reduzieren Sie die Zahl Ihrer Lieferanten auf ein bedarfsgerechtes Minimum.*

2. *Definieren Sie Ihre Produkte und spezifizieren Sie Ihre Qualitätsanforderungen.*

3. *Legen Sie die Produkte fest, die Sie benötigen und erarbeiten Sie mit dem Lieferanten Ihre Kernsortimente.*

4. *Machen Sie eine Bestandsaufnahme und klären Sie, wer in Ihrem Betrieb was, wann und warum bei welchem Lieferanten kauft.*

5. *Stellen Sie Ihren Einkauf auf den Kopf und erarbeiten Sie mit Kollegen eine klare Einkaufsstrategie. Ziel ist es, Sortimente zusammenzufassen, die Zahl der Lieferanten zu optimieren und die Bestell- und Prozessabläufe zu verbessern.*

Sie können Preissteigerungen entgegenwirken!

Ohne Zahlen geht es nicht – Jeden Tag aktuell im Betrieb

Schloßbräustüberl Odelzhausen
Gabi Eser
Kapazität Bräustüberl:
Restaurant 150 Plätze, Wirtsgarten 150 Gäste
Feste feiern in der Malztenne bis 250 Gäste
Seit 2009: Hotel mit 32 Zimmern
Mitarbeiterzahl: 15 Vollzeit- und 25 Teilzeitkräfte,
multifunktional einsetzbar in beiden Betrieben.

Wichtige Zusatzinformation:
Den Begriff „Aushilfe" gibt es nicht!

Sie sagen, Sie haben Ihre Zahlen tages-
aktuell im Griff. Sie stehen aber selbst täglich im
Betrieb – wie schaffen Sie das trotzdem?
Ich führe eine Einzelfirma und halte für alles meinen ei-
genen Kopf hin. Ich muss daher über mein Unternehmen
gerade im betriebswirtschaftlichen Bereich Bescheid wis-
sen. Deshalb hat das bei mir absolute Priorität. Tägliche
genaue Tagesabrechnung inklusive der Überprüfung der
Konten ist meine erste Arbeit in der Frühe. Das erfordert
wirklich wenig Zeit. Eine weitere wichtige morgendliche
Routinetätigkeit ist die Dienstplankontrolle und die Re-
aktion auf tägliche, nicht vorhersehbare Ereignisse. Die
Gäste buchen immer kurzfristiger, oder es kann auch mal
ein Mitarbeiter krank sein. Das passiert allerdings äußerst
selten. Dann kommt noch der Rechnungseingang, der
auch sofort verbucht wird. So sehe ich auch schon, wenn
es irgendwelche Preisschwankungen gibt.

Machen Sie eine tägliche genaue Tagesabrechnung und Überprüfung der Konten zu Ihrer Priorität!

Was ist dann die Konsequenz daraus?
Wie reagieren Sie auf diese Kosten?
Ich halte viel davon, Preisänderungen sofort an den Gast
weiterzugeben. Aus Erfahrung weiß ich, dass ich keine
Preissteigerungen überspringen kann. Wenn man das
einmal übersieht, ist das Geld verschenkt.

Heißt das, Sie kalkulieren sofort neu?
Und Sie machen dann auch gleich eine neue Karte?
Wir haben eine sehr kleine Standardkarte. Die passen wir ständig an. Bei den Tages- und Wochenkarten sind wir ja sowieso flexibel und können dem Gast auch etwas erklären.

Werden dann auch laufend die Rezepturen überarbeitet?
Ansonsten können Sie ja nicht so genau kalkulieren?
Selbstverständlich. Und es wird auch nachgewogen. Portioniert wird nur mit der Waage. Im À-la-carte-Bereich genauso wie im Bankett. Wir haben nur einen Artikel, der da aus der Reihe fällt. Der geht auch noch sehr gut – unser ofenfrischer Schweinebraten. Den habe ich dann über den Einkauf und mit den verkauften Portionen genau im Auge. Hier kann ich jedoch nur den Wareneinsatz kontrollieren. Damit kann ich aber leben, weil alles andere genau erfasst und standardisiert ist.

Noch einmal zum Preis. Im Bankettgeschäft hört man
in letzter Zeit häufiger, dass die Gäste handeln wollen.
Wie verhält sich das bei Ihnen?
Natürlich ist der Versuch vom Gast immer da, ein Schnäppchen zu machen. Ich begründe aber ganz genau, wie die Kosten entstehen. Wenn nun ein Gast wirklich unsere Preise nicht akzeptiert, ist er eben nicht unser Gast. Ich kann ein Zuckerl anbieten, eine festliche Dekoration ist selbstverständlich immer im Preis inklusive. Man kann einen Gang im Menü streichen. Bei einem Büfett gibt es ja auch noch viele Varianten. Ich mache immer Komplettangebote mit genau definierten Leistungen. Da weiß der Gast, worauf er sich einstellen kann. Die Praxis, Servietten oder die Dekoration extra hinterher abzurechnen, finde ich nicht gut. Außer der Gast will etwas ganz Ausgefallenes, das kann er dann selbst organisieren. Die Gäste können auch ihre eigenen Weine mitbringen – gegen Korkengeld versteht sich. Das kann ich gut riskieren, weil wir sowieso für unser Bier bekannt sind. Wir garantieren vor allem aufmerksamen Service bis zum Schluss, da wir die Mitarbeiterzahl nicht auf ein Minimum reduzieren. Das ist eben auch von vorneherein einkalkuliert.

Stichwort Nacht- oder Sonn- und Feiertagszuschlag.
Sie nützen dieses interessante Instrument für Ihre
Mitarbeiter steuerschonend aus?

Selbstverständlich tun wir das. Daher haben wir auch kein Problem, an Sonn- und Feiertagen oder am Abend Mitarbeiter zu bekommen. Auch der Koch, der nachts arbeitet, verdient damit gutes Geld. Den Angestellten interessiert doch in erster Linie auch, was unterm Strich bleibt.

Stichwort multifunktionaler Mitarbeiter. Sie sagen,
bei Ihnen geht der Service zwischendurch auch einmal
an die Spüle. Ist das nicht ein wenig übertrieben?

Meine Mitarbeiter kennen die Zusammenhänge im Betrieb sehr genau. Sie wissen auch, wie Geld verdient oder verschenkt wird. Daher ist es überhaupt kein Thema, nicht alle möglichen Arbeiten zu übernehmen. Bei Banketten zum Beispiel sind nach dem Essen Kapazitäten im Service frei. Früher wurden dann oft Kollegen nach Hause geschickt. Ist aber nicht gerade motivierend für diejenigen, die dann Schlussdienst machen und alles aufräumen müssen. Mit der jetzigen Methode sind die Betriebsangehörigen gut ausgelastet und gehen dann miteinander, wenn alles fertig ist. Vor allem wird dadurch der gute Service bis zum Ende geleistet, den wir dem Veranstalter versprechen. Das kennen doch alle Praktiker, dass ab einem bestimmten Zeitpunkt der Service erlahmt und Umsätze verschenkt werden. Meine Angestellten bummeln auch nicht beim Aufräumen, weil sie wissen, was jede Minute tatsächlich kostet. Ich lege alle Zahlen offen, es gibt keine Geheimnisse. Da denken die Mitarbeiter schon selbst mit, wie sie mit ihrem Arbeitsplatz umgehen.

Bieten Sie gleichbleibend guten Service bis zum Ende!

Allein damit haben Sie dieses Kosten-
bewusstsein geweckt?

Und durch sofortige Rückblicke nach Veranstaltungen oder Großkampftagen. Diese sind genauso wichtig wie die Besprechungen vorher. Für besondere Leistungen gibt es auch Anerkennung durch Weiterbildung und Incentives.

Sie haben 2009 ein Hotel mit 32 Zimmern zusätzlich eröffnet. Hat sich für Sie persönlich der Tagesablauf wesentlich verändert?

Nicht wirklich. Wir haben uns sehr gut organisiert. Allerdings haben sich unsere Restaurantöffnungszeiten nach vorne verschoben. Das wollen wir auch noch stärker vermarkten, um die Morgenstunden besser auszulasten.

Ich muss die eigene Energie im Auge behalten. Das gelingt nicht immer. Ich arbeite aber daran. Der Verwaltungsaufwand ist durch das Hotel schon erheblich größer geworden.

Aktiver Verkauf

„Der Weichandhof", München-Obermenzing
Evi und Peter Hiebl, Gastwirte aus Überzeugung
Kapazität: Restaurant 80 und 120 Plätze in Stuben
Biergarten für 230 Gäste
Weinstube 50 Plätze, diese ist verpachtet
Mitarbeiter: 10 in Vollzeit, 8 bis 10 in Teilzeit

Viele Wirte beklagen, dass Gäste sparsamer sind. Welche Erfahrungen haben Sie?

Der Gast ist anspruchsvoller geworden. Er will für sein Geld – das er immer noch gerne ausgibt, wenn alles passt – Qualität auf dem Teller. Wichtig ist Freundlichkeit und, besonders beim Mittagsgast, schneller Service.

Ihre Mitarbeiter sind sehr serviceorientiert und immer unterwegs bei den Gästen. Sie verkaufen aktiv, aber nicht aufdringlich. Wie erreichen Sie das?

Wichtig ist ein täglicher Informationsaustausch

Da wir ein Familienbetrieb sind, ist auch einer von uns immer für den Gast der Ansprechpartner. Wir leben die Gastlichkeit schon über 40 Jahre vor, doch es gelingt nicht immer, nicht einmal in der Familie. Bei unseren gemeinsamen Mahlzeiten besprechen wir den Service und den Verkauf. Das sind genau genommen tägliche Kurzschulungen.

42

Mögliche Zusatzverkäufe sind den Mitarbeitern bewusst?
Natürlich, aktuelle Angebote, Wein, Kaffee und Dessert. Aber wir bleiben immer dran, damit es nicht einschläft.

Unterstützen Ihre Speisekarte bzw. andere Verkaufs-hilfen den Service bei seiner Arbeit?
Wir haben Aufstellertafeln. Bei vollem Haus gehen wir mit einer Klingeltafel durchs Lokal, um auf unsere Angebote aufmerksam zu machen. Außerdem bieten wir dem Gast auch Probierportionen – Löffelhappen – an. Weine in 0,1-Liter-Gläsern und alkoholfreie Aperitifs. Wir verwenden auch witzige, nicht alltägliche Texte für den aktiven Verkauf.

Sie hatten früher einen Ruhetag, jetzt nicht mehr. Unsere Erfahrung zeigt einen deutlichen Trend zum „Ganzjahresbetrieb" ohne Ruhetag. Was hat Sie zu diesem Schritt bewogen?
Der Samstag hat sich damals als Ruhetag einfach erge-ben. Unsere Kinder hatten schulfrei, und der Samstag war nicht so der Ausgehabend wie heute. Wir gleichen mit dem offenen Samstagabend das nicht mehr so kon-stante Mittagsgeschäft aus. Das Geschäft hat sich insge-samt mehr auf den Abend verlagert. Also sperren wir am Samstagabend auf. Es sind viele Familienfeiern, vor allem Geburtstagsfeiern, an diesem Tag. Weihnachten lief auch deswegen gut. Früher mussten wir viel mehr kleinere Ge-sellschaften wegschicken, sicher nicht sehr gerne. Heute reservieren die Veranstalter viel später, sehen sich mehr um und vergleichen das Essensangebot und auch die Preise. Wir müssen heute noch um vieles mehr auf den Gast eingehen, um ihn von unserer Qualität zu überzeu-gen. Wir kümmern uns auch nach einer Veranstaltung um die Gäste und fragen ganz gezielt um die Zufriedenheit, besonders auch wegen dem Service. Dieses Feedback der Gäste wird immer mit den beteiligten Mitarbeitern be-sprochen. Dadurch kann man Fehlverhalten ausmerzen. Insgesamt sind wir aber mit unseren fleißigen und freund-lichen Angestellten froh und freuen uns gemeinsam über jeden Gast.

Passen Sie Ihre Öffnungszeiten den Bedürfnissen Ihrer Gäste an!

Mitarbeiterführung als Erfolgsgeheimnis

„Flair Hotel" und
Privater Braugasthof „Winkler Bräustüberl"
Gabi und Hanns-Konrad Winkler
Kapazität: In 6 Stuben und Stüberln 400 Plätze
im Biergarten 100 Plätze
Tagung: 7 Räume von 12 bis zu 75 Teilnehmern
Feste: 1 Raum bis 85 Gäste
57 Zimmer mit 110 Betten
Mitarbeiterzahl: 53 Vollzeit, 45 Teilzeit und 12 Azubis

In Ihrem Betrieb hat mich vor ein paar Jahren ein Schlüsselerlebnis derart beeindruckt, dass mich Ihr Landgasthof nicht mehr losgelassen hat. Es war stockdunkle Nacht, 21.30 Uhr, da sprach mich eine Mitarbeiterin am Parkplatz an, ob sie mir helfen könne. Es war offensichtlich eine Auszubildende, die den Haushund Gassi führte. Sie hat sofort mitgedacht, als ich das Gepäck herausholte.

TQM benötigt die volle
Unterstützung
aller Mitarbeiter,
um zum Erfolg zu führen

Nun weiß ich inzwischen, dass Sie TQM – Total Quality Management – machen. Das erklärt natürlich vieles. TQM zeichnet sich vor allem durch die ganzheitliche Betrachtung des Unternehmens aus. Die Einbeziehung der Mitarbeiter macht TQM erst möglich. TQM ist sehr anspruchsvoll und für kleinere Betriebe insgesamt in der Form wie bei Ihnen vielleicht nicht leistbar. Ich habe alleine fünf prallvolle Mappen gezählt, in denen Sie den gesamten Prozess festgehalten haben. Was kann oder muss Ihrer Meinung nach ein kleinerer Betrieb sinnvollerweise tun, um den Qualitätsgedanken bei den Mitarbeitern in Gang zu bringen?

Auf jeden Fall gemeinsame Ziele erarbeiten. Zuerst müssen wir und dann auch unsere Mitarbeiter überzeugt sein, dass nur die Gäste das Geld für die Löhne bringen und unseren Betrieb finanzieren. Der Gast ist für uns das Spiegelbild unserer Leistungen. Auch die erfolgversprechendsten Lösungen setzen wir unseren Angestellten nicht mehr vollendet vor die Nase. Nicht einmal ein technisches Gerät oder eine neue Dekoration wird angeschafft, wenn wir nicht vorher unsere Mitarbeiter darauf neugierig gemacht haben. Gewinn und Reserven müssen wir erwirtschaften, damit die Existenz und Weiterentwicklung unseres Unternehmens aus eigener Kraft langfristig gesichert wird. Die Betriebskennzahlen sind allen Arbeitnehmern bekannt. Erreichte Erfolge lassen wir unsere Mitarbeiter auch richtig feiern, geben ihnen die verdiente Anerkennung für ihre Tätigkeit und fördern so ihr Selbstbewusstsein und ihren Stolz auf ihre Arbeit. Auch die Hinweise der Putzfrau oder des Azubis helfen uns, Ziele zu erkennen und zu erarbeiten. Zu Lieferanten und Geschäftspartnern streben wir eine langfristige, faire Zusammenarbeit an, mit dem Bewusstsein des gegenseitigen Nutzens.

Kennen Ihre Mitarbeiter die Motive, warum Ihre Gäste zu Ihnen kommen? Wie lauten dazu Ihre Leitmotive?

Wir achten den Gast als willkommenen Menschen. Das Wohlfühlen unserer Gäste erreichen wir durch Freundlichkeit, Hilfsbereitschaft und respektvollen Umgang. Ehrlich, verantwortungsbewusst und aufgeschlossen erfüllen wir die Wünsche und Bedürfnisse unserer Gäste. Indem wir zu unseren Fehlern uneingeschränkt „Ja" sagen und sie gemeinsam verhindern und beheben, haben wir auch Verständnis für gelegentliche Ungereimtheiten des Verhaltens von Gästen zu uns. Zuverlässiges Arbeiten und Streben nach Qualität bringt die Gäste ins Haus. Wenn wir ihr Herz erreichen, entstehen Wärme und Treue, die sie wieder gerne zu uns kommen lassen.

> Gewinnen Sie Ihre Gäste durch Freundlichkeit, Hilfsbereitschaft und respektvollen Umgang!

Welche Spielregeln für die interne Zusammenarbeit ergeben sich daraus?

Wer den Schmutz im Hof sauber zusammenkehrt oder die Problemzonen im WC oder in der Küche einwandfrei putzt, ist genau so wertvoll wie der Küchenchef oder die Personen der Geschäftsleitung. Freundlich und gut gelaunt gehen wir an unsere Arbeit, achten einander und wissen um den Wert des anderen. Wir unterstützen die Azubis und haben Verständnis füreinander. Wir sagen „Ja" zu Fehlern, da wir sie gemeinsam verhindern und beheben. Die Einhaltung der von uns miterarbeiteten Arbeits- und Putzpläne ist uns wichtig, ebenso Sauberkeit. Wir sind ein

Team von Kollegen und rudern unser Boot „Wohl fühlen für die Gäste" freundlich, hilfsbereit und aufgeschlossen in eine erfolgreiche Zukunft. Viele Hände sind notwendig, damit in Küche, Service, Etage und Büro alles läuft. Auch in diesen großen Gruppen erhalten wir durch frühzeitige, umfassende Informationen und gute, eigenverantwortliche Zusammenarbeit ein Arbeitsklima, welches ein gutes Auskommen miteinander absichert.

Haben Sie ein „persönliches Führungsgeheimnis"?
Was mir gut tut, gebe ich auch anderen. Die meisten Fehler entstehen durch zu späte oder zu ungenügende Information. Wenn ein Mitarbeiter traurig, verstimmt oder gar agressiv ist, dann schenken wir ihm zusätzliche Aufmerksamkeit – eventuell teilen wir mit ihm ein Piccolo –, und wir versuchen, wertschätzend mit ihm umzugehen und das Problem zu bereinigen. Unser eigenes Verhalten ist Vorbild. Was ich verlange, tue ich auch selbst. Ein Motto: Trete nie eine „Türe" ein, das verletzt gemein! Werfe auch bei Trennung nie einen Menschen weg, sondern stelle ihn zur Seite. Du weißt nie, ob du ihn wieder brauchst. Auf jeden Fall verhinderst du damit unberechtigte, schadenbringende Nachrede. Wecke zuerst die Neugierde, dann folgt die gute Mitarbeit fast von selbst. Ich weiß, dass ich immer wieder Fehler machen werde. Aber ich freue mich, weil meine Mitarbeiter trotzdem zu mir halten. Bevor ich delegiere, muss ich mir im Klaren sein, was ich alles loshaben will. Bei der Umsetzung helfe ich durch Unterstützung. In mir aufsteigende Bereitschaft zur Kritik weist mich deutlich darauf hin, dass ich ungenügend informiert bin und dadurch den anderen überfordert habe. Stelle nie jemanden aus Barmherzigkeit ein, wenn du diese ihm gegenüber nicht durchhalten kannst.

> Was ich verlange,
> tue ich auch selbst

Ihre Mitarbeiter sind immer freundlich und aufmerksam, obwohl sich viele Arbeitswege und -bereiche direkt mit den Gästen kreuzen. Man hat als Gast nie das Gefühl, dass man stört. Wie kann man diese durchgehende Gastorientierung erreichen?
Auch wenn es uns schwer fällt: Mische dich nie besserwisserisch in den Kontakt Mitarbeiter – Gast ein. (Darin

war ich früher Weltmeister und bin fast verzweifelt, weil ich keine Erfolge erreichen konnte.) Die persönliche und fachliche Qualifikation meiner Angestellten wird hierdurch gefestigt. Fundiertes Material zur Gästeinformation (Tourenvorschläge, Ausflugsziele, Stadtpläne mit Sehenswürdigkeiten und dazugehörigen Telefonnummern, Autobahnabfahrten mit Parkmöglichkeit) liegt an der Rezeption griffbereit. Die Originale sind im Büro verwahrt und werden – vor Entnahme der letzten Kopie – wieder vervielfältigt und zurückgelegt. Bei Problemen mit Gästen bitte ich meine Mitarbeiter, sich in die Lage und die Bedürfnisse des Gastes zu versetzen. Wenn nach einem erfolgreichen Festabend großzügiges Trinkgeld gewährt wird, bitte ich den Bezahlenden, die Aufteilung zwischen Küche und Service selbst zu bestimmen. Unsere Mitarbeiter wissen, dass sie die besten zwischen Nürnberg und Regensburg sind. Deshalb brauchen sie vom Gast keine Anerkennung fordern. Bei Stress oder scheinbar unlösbaren Problemen stehen die Chefs zur Seite.

Machen Sie einen Perspektivenwechsel und versetzen Sie sich in die Lage Ihres Gastes

Generationswechsel im Familienbetrieb

„Landgasthof Waldvogel", Leipheim
Barbara & Gebhard Ihle, Quereinsteiger
Stefanie Ihle, Tochter, Hotelbetriebswirtin
Kapazität: Restaurant 90 Plätze
Biergarten 150 Plätze
4 Tagungsräume von 10 bis zu 80 Teilnehmern
Feststadel für Feiern bis zu 300 Personen
Landhotel mit 55 Betten
Mitarbeiter: 25
Plan 2011: Tagungshaus mit nicht alltäglicher Ausstattung

Sie sagten einmal: „Die Königsdisziplin im Unternehmerleben ist eine rechtzeitige und erfolgreiche Betriebsübergabe". Sie sind schon mitten in diesem Prozess drin. Sie haben drei Kinder. Warum soll nur Ihre Tochter alleine übernehmen?

Weil sonst Streitigkeiten schon vorprogrammiert sind. Die zwei Kinder können ja noch gut miteinander auskommen. Problematisch wird´s, wenn die Partner der Kinder dazukommen. Da geht es um viel Geld, um Einflussnahme, um Macht. Da sind auf einmal 4 Meinungen da! Daran können Betriebe zugrunde gehen!

Es wäre anfangs sicher leichter, mehrere Kinder im Betrieb zu haben, aber dieses Risiko würde ich niemals eingehen. Lieber helfe ich dem anderen Kind, wenn es möchte, einen eigenen Betrieb aufzubauen.

Was sind die größten Herausforderungen für eine gelungene Betriebsübergabe?

Der Wechsel bedeutet doch einen massiven Einschnitt im Betriebsablauf. Passt dem Nachfolger noch die „Vision" – oder muss nachjustiert werden?

Wie gehen die Mitarbeiter, Gäste und Lieferanten mit dem Nachfolger um? Wie ist die gegenseitige Akzeptanz? Hier haben die Übergeber viel Vorarbeit zu leisten.

Ganz wichtig: Auch den Nachfolger mal Fehler machen lassen! Wie kann er sonst Erfahrungen sammeln? Auf die Zähne zu beißen und denken „Ich hätt´s anders gemacht, aber schau mer mal". Wenn die „big points" stimmen ist das nicht so tragisch.

Was kann die Weitergabe unterstützen?

Mindestens 10 Jahre vor dem Rückzug anfangen

Rechtzeitig anfangen! Das ist aber für die meisten unvorstellbar. Spätester Zeitpunkt aus meiner Sicht wäre zehn Jahre vor dem beabsichtigten Rückzug. Nur so braucht man keinen Druck auf die Kinder ausüben.

Spannend in diesem Zusammenhang ist auch die Sicht auf Unternehmensoberhaupt und Familienoberhaupt. Der Firmenchef wechselt, aber die Familienrolle bleibt meist unverändert. Der Firma tut es gut, wenn für alle Beteiligten diese Rollen geklärt sind.

Durch die langfristige Vorbereitung kann der Übernehmer für sich klären, welche Traditionen erhalten bleiben sollen und welche für ihn nicht mehr stimmig sind. Anstehende Veränderungen können gemeinsam diskutiert werden. Manche Betriebe zementieren alte Strukturen so fest, *dass den Nachfolgern keine Luft zum Atmen bleibt. Das betrifft vor allem Investitionen, die sehr weit in die Zukunft wirken, weil (zu) langfristige Finanzierungen gewählt werden. Ich kenne einige Kollegen, deren Betrieb ich als junger Mensch nicht übernehmen wollte.*

Wir haben unsere Strategieplanungen schon seit einigen Jahren mit unseren Kindern und unseren Mitarbeitern durchgeführt. Die geplante große Investition in unser „Tagungshaus" ist eine gemeinsame Idee. Sie wird von unserer Tochter mit Begeisterung unterstützt, bzw. auch teilweise schon eigenständig vorangetrieben.

Unsere Vision „Grea" ist für uns Bestimmung, Auftrag und Philosophie zugleich. Erst durch unsere Nachfolgerin haben wir diese genau auf den Punkt gebracht.

Sie sind ja noch recht jung. Wie geht es Ihnen überhaupt mit dem Thema Loslassen und Verantwortung übergeben?

Natürlich gibt es manchmal noch „Kompetenzgerangel". Das allerdings häufiger zwischen Mutter und Tochter. Absprache ist aber, dieses nie vor den Mitarbeitern auszutragen. Damit schließen wir ein gegenseitiges Ausspielen aus. Das findet ansonsten häufig in Familienbetrieben statt. Für uns sind die Bereiche festgelegt, wer wofür die (Familien-)Verantwortung trägt.

Tragen Sie nie Kompetenz-Konflikte vor Ihren Mitarbeitern aus!

Und mit jedem Tag wollen wir „Alten" etwas mehr loslassen. Es gibt ja noch viele Herausforderungen auch außerhalb des Betriebes. Je früher die Übergabe klappt, umso eher haben wir Zeit dafür. Verschiebe nicht zuviel Privates aus betrieblichen Gründen auf Morgen – „später" ist kein guter Zeitpunkt!

Teil 2
RESTAURANTMARKETING

Marketing mit der Speise- und Getränkekarte

Köpfchen statt Geldeinsatz

Wenn es die Zahlen überdeutlich sagen, gibt es zwei entscheidende Fragen: Braucht der Betrieb nun einen Umbau oder ein komplett neues Konzept? Beides ist nicht schnell und einfach zu realisieren.

WICHTIG

Es gibt eine Alternative: Gestaltung der Speise- und Getränkarten als Verkaufs- und Werbemedium. Das bedeutet Konzeptveränderung in kleinen Schritten.

Die meisten Gastronomen verschenken jeden Tag 10 bis 20 Prozent vom Umsatz

Für viele Gastronomen steht nur eines fest: „Es muss etwas geschehen!" Der Konkurrenzdruck nimmt noch weiter zu. Das Gästeverhalten ändert sich dramatisch. Die Rahmenbedingungen für das Gastgewerbe sind auch nicht optimal, Pessimisten behaupten sogar, besonders schlecht. Aber das sagt jede Branche von sich. Hilfe von außen ist nirgends in Sicht. Und warten macht wenig Sinn, denn über eines sind sich alle Experten in diesem Chaos einig: Der Umbruch um uns herum ist noch lange nicht zu Ende. Wer jetzt nach neuen Wegen sucht, ist gut beraten. Und wer dabei an eine Konzeptänderung ohne teure Investition und hohen Finanzbedarf denkt, hat seine ideale Problemlösung bereits gefunden. Ein erster Schritt auf diesem Weg kann das kompromisslose Ausschöpfen aller Reserven sein, die im eigenen Angebot und im eigenen Umfeld schlummern. Nicht alle Gastronomen sind in der Lage, vorhandenes Potenzial optimal zu nutzen. Herkömmliche, uralte Kartengestaltung ist fast immer schlechte Kartengestaltung. Erfolgreiche Restaurantprofis lernen von Kataloggestaltern, Textern und Verhaltensforschern. Allein die klassische Aufzählung in immer gleicher Reihenfolge entlockt dem Gast schon ein Gähnen. Ich habe manchmal mehr Lust auf zwei verschiedene kreative Vorspeisen als auf die angepriesenen „Hauptgerichte". Regelmäßig erwischt mich der alte Hut, wenn der

Service dann beinahe vorwurfsvoll fragt: „Und danach?"
Wer schreibt dem Gast heute noch vor, dass er ein Hauptgericht essen muss? Vor allem dann, wenn im so genann-
ten Vorspeisenbereich und bei den Desserts meine Es-
sensgewohnheiten leichter abzudecken sind?

Was erwartet nun der heutige Gast von der Gastronomie?
In der Dienstleistung (wir sind nun einmal an erster Stelle Dienstleister) geht es um das Erkennen der Motive der
Kunden. Warum kommt ein Gast zu uns? Doch schon lange
nicht mehr wegen Essen und Trinken! Das bietet ja mittlerweile jeder Supermarkt, jeder Metzger und jede Tank-
stelle auch. Trotzdem ist Essen und Trinken ein zentraler
Mosaikstein des Ganzen. Wenn Sie Ihre Gäste einmal genau befragen, warum sie kommen, erhalten Sie zwar auch
Antworten über Ihre Artikelpalette, aber meistens steckt
etwas anderes dahinter, häufig etwas aus dem sozialen
Bereich.

Der Gast will unaufdring-
lich und ohne großes
Aufheben seine Probleme
gelöst haben

Nur ein Beispiel: Sind Ihre Gäste Senioren, ist der Kontakt
zu anderen oft das wichtigste Motiv, bei Ihnen zu verkeh-
ren. Trotzdem muss seniorengerechtes Essen angeboten
werden. Das aber mit einem Hinweis auf leichte Küche, Inhaltsangaben bei den verschiedenen Gerichten oder mit
genauen Produktbeschreibungen – aber bitte nicht zum
Seniorenteller degradiert! Sie sind Problemlöser, wenn
Sie für unausgesprochene Wünsche etwas anbieten.
Nicht alle Diabetiker wollen sich in einem unbekannten
Kreis outen und sind dankbar, wenn sie ihre Wünsche unauffällig und ohne Aufhebens äußern können – nur durch
Ihre Auswahl, weil Sie es gut auf der Speise- und Getränkekarte beschrieben haben.

PRAXISBEISPIEL

Lebenssituations- oder Lebensphasenmarketing bedeutet das Berücksichtigen der Veränderungen im persönlichen Bereich eines Menschen und daraus folgend das
Eingehen auf Vorlieben in diesem Lebensabschnitt.

Lebenssituations-
marketing – ein
neuer Begriff

Dahinter steckt die Erkenntnis, dass jedes Alter und jede
individuelle Situation andere Konsumwünsche hervor-
bringen. Nehmen wir nur die oben erwähnten Senioren:
Für sich alleine eine Zielgruppe mit relativ leicht durch-
schaubaren und auch erfüllbaren Ansprüchen. Aber haben Sie zufällig unter Ihren Gästen Senioren mit ihren
Enkelkindern? Da sind plötzlich ganz andere Motive dahinter, um bei Ihnen zu verweilen. Alleine sind die „Alten"

für sich ganz tolle, zufriedene Gäste. Aber wehe, die kleinen Enkel sind dabei. Sie kennen Ihre Gäste nicht mehr wieder. Schlimmstenfalls sagen Sie Ihnen direkt, dass sie mit den Enkeln niemals bei Ihnen Gast sein werden. Weil Sie dazu als Betrieb einfach nicht geeignet sind. Wenn Sie als nicht gerade kinderfreundlich bekannt sind und nicht mehr als Malfarben und eventuell ein paar Gerichte für Kids aufzuweisen haben, reicht es eben nicht.

Im Lebensphasenmarketing werden die Familien von der Gründung bis zur Auflösung und die einzelnen Personen dabei berücksichtigt. Wie wenig die Gastronomie sich mit dem Thema bis jetzt auseinander setzt, bemerke ich selbst auf meinen zahlreichen Reisen. Noch immer bekomme ich den Katzentisch zugewiesen (Sie kennen ihn, den Platz, an den sich keiner freiwillig setzt). Obwohl ich als Single eventuell über ein gutes Einkommen verfüge und bereit bin, mir auch etwas zu gönnen, vermisse ich meistens guten, aufmerksamen Service. Alleinreisende Frauen sind also als Zielgruppe noch nicht in den Köpfen der Gastronomen angekommen! Die gleichen Erfahrungen schildern mir nämlich auch andere Frauen.

| WICHTIG | Trotz aller Veränderungen um uns herum sind Werbung und Verkauf im Restaurant seit Großvaters Zeiten gleich geblieben. |

Wie sieht die ideale Kommunikation mit dem modernen Gast überhaupt aus? Das eigentliche gastronomische Produkt ist nach wie vor unbekannt – was verkaufen Sie wirklich? Das bloße Essen und Trinken ist es nicht!
Wie wäre es mit Themen wie
„Erinnerungswürdige Restaurantbesuche"
„Feiern mit Rund-um-Service"
„Erlebnisse für Familien"
„Schlemmen ohne Reue"
„Gesund- und Vitalkost"
„Treffpunkt für Junggebliebene"
Qualität wird häufig auf die Qualität von Speisen und Getränken reduziert. Dabei können Sie mit den besten Waren voll neben Ihrer Zielgruppe liegen. Qualität heißt nämlich, alle geweckten Gästeerwartungen zu erfüllen.

Nicht mehr, aber auch nicht weniger. Warum kommen Ihre Gäste wirklich zu Ihnen? Was bieten Sie über Essen und Trinken hinaus noch an? Wofür stehen Sie im Markt?

Zusätzlich findet Marketing nur im Ansatz statt. Dabei geht es weder um große Strategien noch um teure Kampagnen, sondern lediglich um eine wirkungsvolle Art der Angebotsgestaltung. Die Praxis beweist, dass die Herstellung von verkaufsstarken Speisekarten keinerlei Mehrkosten verursacht. Kosten sind also nicht das Problem. Es fehlt vielmehr der Mut zur Veränderung und zum ersten Schritt weg vom Üblichen.

Doch was nützen nun all die „Üblichkeiten" der Vergangenheit?

Teure Karten sind übrigens auch nicht besser, wenn sie am Auftrag vorbeigehen – nämlich Emotionen und Wünsche zu wecken, zu beraten und zu verkaufen. Diese Karten werden dem Gast nur noch schneller entrissen als andere. Das wertvolle Dokument könnte vom Gast beschädigt werden. Die Gefahr, dass der Gast in der Karte später noch etwas findet und unseren eingeübten Serviceablauf durcheinander bringt, muss von vorneherein verhindert werden. Anders kann ich mir den immer wieder beobachteten Umgang mit dem wichtigsten Werbemedium wirklich nicht erklären.

Ein erster Schritt in die richtige Richtung sind verkaufsstarke Karten.

Was erreichen Sie mit gut gestalteten Speisekarten?

▶ Diese steuern den Verkauf, der Gast bestellt die Gerichte und Getränke, die Sie forcieren wollen.
▶ Sie schöpfen unaufdringlich, aber beharrlich, jede Chance zu einem Zusatzverkauf aus.
▶ Sie entlasten die Servicemitarbeiter und unterstützen deren Verkaufsaufgaben in idealer Weise.
▶ Sie heben das eigene Angebot genau da markant hervor, wo Sie sich am besten von allen vergleichbaren Mitbewerbern unterscheiden können.

Da dieses Denken in der Gastronomie noch nicht sehr verbreitet ist, stellt moderne Speisekartengestaltung eine einfache und kostengünstige Profilierungsmöglichkeit dar. Eine Maßnahme auf diesem Weg muss das kompromisslose Ausschöpfen aller Reserven sein, die im eigenen Angebot schlummern. Dazu müssen Sie Ihrem Gast aber

Eine Karte soll immer am Tisch oder zumindest für den Gast jederzeit erreichbar sein!

auch die Chance geben, sich länger mit der Karte auseinander zu setzen. Damit ist eine wichtige Regel schon klar: Ihre Karte muss so gestaltet sein, dass ein Exemplar immer für Ihren Gast erreichbar ist. Ist das mit der Hauptkarte wirklich nicht möglich (meist aus Platzgründen), denken Sie darüber nach, ob Sie eine kleinere Karte mit allen Zusatzverkäufen erstellen können.

Ob nun eine schrittweise oder grundlegende Neupositionierung geplant ist, eines steht fest: Wer letztlich den Durchbruch will, muss sich den neuen Trends öffnen und manchmal auch ungewöhnliche Wege beschreiten. Zu Ihrer normalen gedruckten Karte kann es durchaus passen, dass Sie Ihr Angebot via E-Mail, Newsletter, einer gut gestalteten Internetseite oder sogar SMS weiterverbreiten. Ein Fax ist bald schon ein alter Stiefel. Ihre Zielgruppe entscheidet darüber, was sinnvoll ist.

Wie erreichen Sie Ihre Zielgruppe am besten?

Es kommen sicher bald noch andere Medien dazu, an die wir heute noch gar nicht denken. Die neuen Medien haben natürlich auch unsere Seh- und Lesegewohnheiten beeinflusst. Nehmen Sie nur einmal ein Kochbuch in die Hand, das Sie vor 10 Jahren gekauft haben, oder eine Fachzeitschrift aus dieser Zeit. Was fällt Ihnen auf? Andere Farben, andere Schriften oder eine andere Gestaltung? Und Ihre Speisekarte? Wie viele Veränderungen erkennen Sie? Inhaltlich oder auch nur grafisch? Ich erlebe Betriebe, deren einzige große Veränderung die Euro-Umrechnung war!

Von der „Zug-Kraft" Ihrer Speisekarte

Die Gastronomie ist vielerorts durch ein Überangebot an Lokalen vertreten. Unverändert seit über 30 Jahren gilt die Zahl, dass ungefähr 600 Einwohner einen Wirt gut ernähren könnten. In tourismusintensiven Regionen kann diese Dichte überschritten werden.

Die Realität sieht aber so aus: In der Schweiz kommt statistisch auf 240 Einwohner 1 Betrieb. Hier ist alles erfasst, von der einfachen Dorfbeize bis zum Gourmettempel und den Hotels, die mehr als nur „Schlafen" anbieten. Aus Deutschland, Österreich und Südtirol liegen keine genauen Zahlen vor. Insgesamt seien nach Auskunft der Statistischen Bundesämter klare Zahlen schwer ermittelbar, da es so viele verschiedene Formen der Gastronomie gibt. In einzelnen Orten haben wir bei unseren eigenen Recherchen eine Dichte unter 200 Einwohnern festgestellt. Was bleibt da an Budget für den einzelnen Wirt? Die folgende Einteilung ist kein (!) Werturteil. Wie Sie gleich selbst sehen werden, benötigen Sie diese lediglich, um das bestmögliche Betriebsziel für Ihre aktuelle Situation zu finden. Als Orientierung gilt folgende Erfahrung:

Gäste fahren wegen einem besonderen gastronomischen Angebot (Gourmetküche, Erlebnisgastronomie, Themenrestaurant, Familienfreundlichkeit usw.) im Höchstfall bis zu 50 Kilometer (einfache Strecke!) mit dem Auto. Nur für ganz ausgefallene Erlebnisse ist der Gast bereit, auch weitere Anfahrten in Kauf zu nehmen. Das gilt für „normale Gäste" in der Stadt und auf dem Land. Das gilt aber in gewisser Weise auch für Touristen, die zu „Expeditionen" von ihrem Urlaubsort aus aufbrechen. Wie viele Kilometer fahren Ihre Gäste tatsächlich, um bei Ihnen zu essen? Entscheiden Sie sich bitte völlig vorurteilsfrei für die Zahl zwischen 5 und 50, die nach der folgenden Beschreibung für Ihr Lokal am ehesten zutrifft.

Nur mit einem klaren Konzept können Sie Ihr Stück am Kuchen vergrößern!

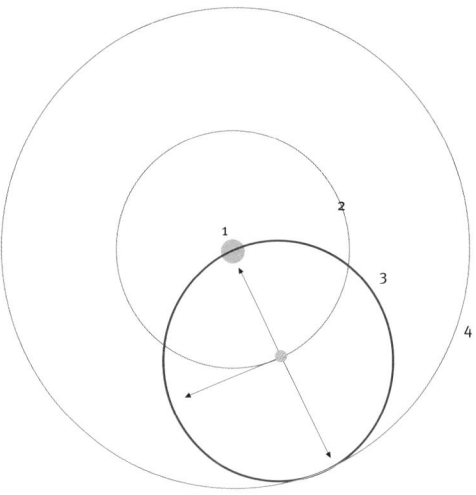

1 Ihr Betrieb liegt hier
2 Ihr Einzugsbereich ist der kleine Kreis
3 Ihre Gäste fahren so
4 In diesem Bereich befinden sich also
 Ihre Mitbewerber

Zug-Kraft Speisekarte

Die Auswertung dieser Bestandsaufnahme
▶ Verdoppeln Sie „Ihren" Radius. Wenn Ihre Lieblingsgäste also 10 Kilometer zu Ihnen fahren, ziehen Sie einen Kreis mit einem Durchmesser von 20 Kilometern um Ihren Betrieb (denn jeder Ihrer Gäste wird auch „einmal" in eine andere Richtung zum Essen fahren!).

- Listen Sie alle mit Ihnen vergleichbaren Unternehmen auf, die in diesem Kreis liegen. Erfahrungsgemäß nimmt die Dichte der vergleichbaren Restaurants mit zunehmenden Radius ab. Sie sind gut beraten, wenn Sie mindestens 10 und maximal 30 Lokale auflisten. Egal ob der von Ihnen gewählte Radius nun 5 oder 50 Kilometer beträgt.
- Erstellen Sie nun eine „Hitliste" dieser Restaurants mit abfallender Wertung. Gehen Sie bei der Rangfolge davon aus, dass Ihr eigener Betrieb einen konkreten und gut begründeten Platz in dieser Hitliste haben muss.

Die Häuser in dieser Hitliste – auch Ihres – werden die nächsten Jahre in unterschiedlicher Verfassung erreichen. Und zwar die Betriebe im
- oberen Drittel ganz sicher,
- mittleren Drittel irgendwie,
- unteren Drittel überhaupt nicht!

Denken Sie nun schon einmal über erste Maßnahmen nach, die Ihnen helfen, an der Spitze dieser Hitliste zu bleiben oder an die Spitze dieser Hitliste zu kommen!

WICHTIG	**Spitzenleistungen sind überall möglich und haben nichts mit Sternen, Auszeichnungen oder Ausstattung zu tun. Es geht darum, im eigenen Segment zur Spitze zu gehören!**

Eine weiterer wichtiger Punkt ist die „Produktlebenskurve" Ihres Betriebs. Jedes Angebot am Markt macht verschiedene Phasen durch:

Start – je nach Innovation, Marketingstrategie und Marktakzeptanz mehr oder weniger fulminant. Wenn alles normal läuft, auf jeden Fall aufsteigend bis zur möglichen Marktdurchdringung bzw. Marktsättigung. Jetzt setzt die Konsolidierung ein. Eine ruhige, gleichmäßige Entwicklung läuft ab. Man hat schon manchmal das Gefühl der Stagnation. Und ehe man sich versieht, kommt eine Rückentwicklung.

Im Restaurant treffen zur allgemeinen Lebenskurve des Betriebs, die in Teil 1 dargestellt wurde, noch die Produktlebenskurven einzelner Artikel. Wenn Sie Ihren Markt genau beobachten, werden Sie auch Trendprodukte führen. Jedes Jahr kommen aus der Industrie viele neue Ideen. Ihre Zulieferer sind dem gleichen Druck ausgesetzt wie Sie. Trotzdem tut sich die Gastronomie schwer, alte Zöpfe, besonders im Getränkesegment, abzuschneiden.

Eine ganz normale Getränkekarte, Rubrik Aperitifs:
Sherry, Martini, Campari, ... Und das seit über 30 Jahren! Die Köche haben dagegen, Gott sei Dank, Riesensätze gemacht, zumindest viele von ihnen. Wäre es da nicht schon längst an der Zeit, auch bei den Getränken eine Revolution einzuleiten? Der moderne Gast ist unter anderem auch neugierig, möchte Neues probieren. Wenn Sie Ihre Verkaufszahlen bei bestimmten Artikeln einmal genauer ansehen, werden Sie unschwer auch die Lebenskurven erkennen. Wenn ein Artikel in der Gästegunst sinkt, haben Sie die Wahl, ihn besser zu präsentieren, neu zu kombinieren oder zu ersetzen. Ich würde Ladenhüter streichen.

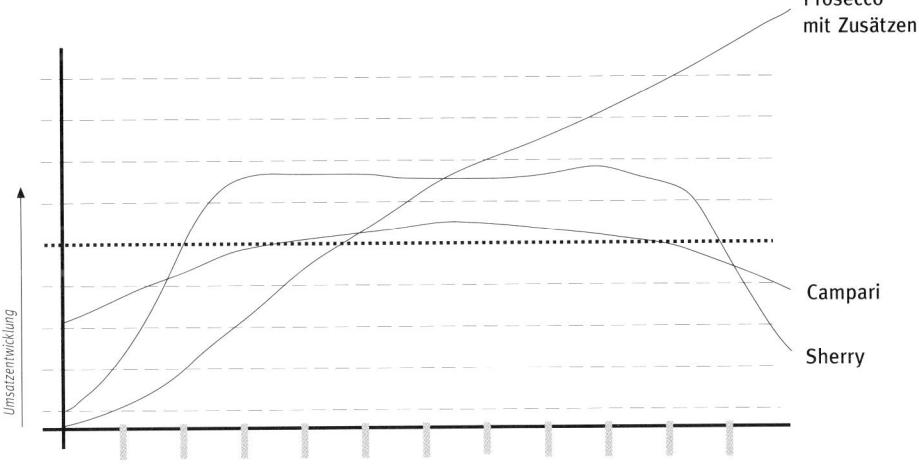

Produktlebenskurve Artikel

Sie müssen deswegen jeden Tag im Betrieb eine kleine Veränderung erreichen – damit Ihr Haus für die Gäste immer interessant bleibt!

Sie haben in einem Jahr einen ganz anderen Betrieb als heute – ohne große Investitionen und ohne Gäste wegen dauerndem Strategiewechsel zu verscheuchen. Es gibt nämlich auch sehr innovative Unternehmen, die in der Krise stecken. Was ist hier das Problem? Wenn der überquellende Ideenreichtum das einzig Beständige im Unternehmen ist, weiß der Gast nie, was ihn tatsächlich erwartet.

Ideen müssen daher auf den Punkt gebracht und professionell durchgezogen werden

Anders herum: Mit welchen Erwartungen kann er überhaupt ankommen? Das Grundkonzept des Betriebs muss erkennbar bleiben. Wie wichtig dieses ist, hat uns die BSE-Krise gezeigt. Lokale, die Rindfleisch als tragende Säule im Angebot hatten, haben seltsamerweise in dieser Zeit zugelegt. Also nicht nur nicht verloren, sondern gewonnen! Das Vertrauen ihrer Gäste, dass sie nur beste Waren verarbeiten, hat ihnen geholfen. Jedoch in Restaurants, in denen Rindfleisch nur unter anderem angeboten wurde, sah es ganz anders aus. Manche haben es eine Zeit lang dann sogar von der Karte nehmen müssen.

Konkrete Maßnahmen:
Das Unternehmensziel bestimmen Sie!

Die Saisonverlängerung ist nur ein plakatives Beispiel für ein Ziel in vielen Tourismusorten. Genauso könnte ein Ziel lauten, möglichst viele Einwohner aus einem bestimmten Gebiet mindestens einmal im Monat als Gast zu haben. Oder die erste Adresse für Familienfeiern zu sein, oder was ist Ihr Unternehmensziel? Momentan häufig genanntes Ziel ist die Gewinnung von neuen Gästen und, dadurch bedingt, ein weiterer Verdrängungswettbewerb. Es ist der legitime Versuch jedes Gastronomen, vom noch frei verfügbaren Einkommen einen Teil für sich zu holen.

Das neue Betriebsziel soll in 3 Jahren erreicht werden. Ungeduldige werden bei einem so langen Zeitraum natürlich nervös. Vor allem dann, wenn einem vielleicht auch schon die Bank im Nacken sitzt und schnelle Erfolge erwartet. Die Erfahrung zeigt aber, dass wirkliche Veränderungen einen bestimmten Zeitrahmen benötigen. Trotz der immer wieder beklagten Untreue der Gäste erfordert Verdrängung einige Zeit. Auf schon länger bestehende Häuser wirken manchmal auch noch „Sünden" der Vergangenheit ein.

Wer einmal ein Etikett verpasst bekommen hat, dass Preis und Leistung eventuell nicht ganz stimmen, wie lange braucht dieses Unternehmen, bis das gegenteilige Image wieder hergestellt ist? Nur ein neuer Betrieb hat den Bonus des „unbeschriebenen Blattes", das man sich einfach einmal ansehen muss. Alle anderen müssen um eine Neuverteilung hart kämpfen. Um nun nicht zu schnell aufzugeben und natürlich für die Eigenmotivation brauchen Sie deshalb gut ausformulierte Zwischenziele.

> Es ist meist einfacher, einen neuen Betrieb im Markt zu integrieren als einen alten neu zu positionieren!

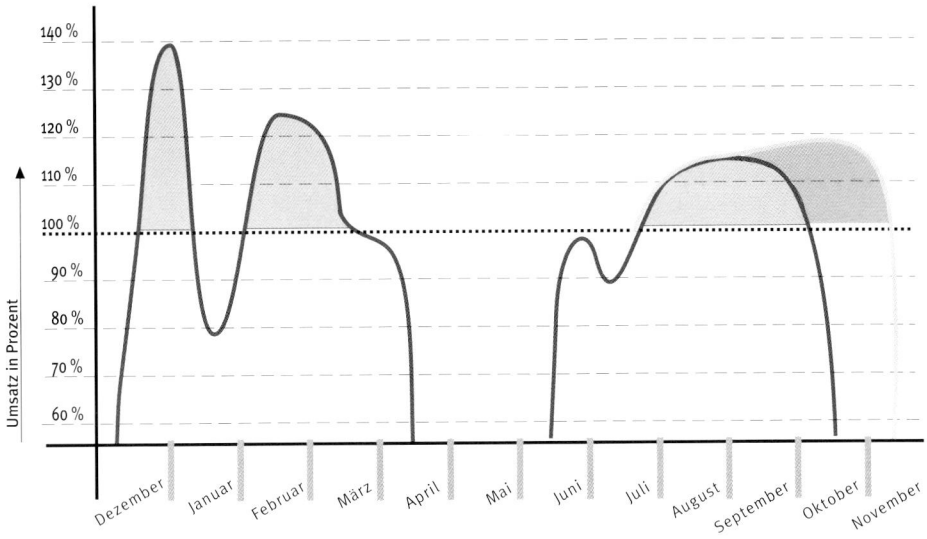

Umsatzziele bzw.
Saisonverlängerung

Das sieht dann so aus:

„Wir wollen diesen Herbst mit möglichst vielen, verschiedenen Aktionen die Saison bis zu Allerheiligen und zum
Martinsgansessen beleben!"

„Endziel ist, den Saisonhöhepunkt in Richtung Oktober
zu verlagern."

„Gleichzeitig werden wir damit für den nächsten Herbst
testen, welche Aktionen die größte ‚Zugkraft' haben, am
wirtschaftlichsten sind, sich leicht durchführen lassen
und sich am besten für Kooperationen und Werbegemein-
schaften eignen."

Schöpfen Sie deshalb ab sofort mit der Speisekarte alle
Möglichkeiten aus, um durch

▶ Zusatzinformationen,
▶ Werbe- und Animierelemente,
▶ einen neuen Kartentyp und
▶ neue Sortimentsgestaltung dieses Ziel zu unterstützen!

Viele Gastronomen scheuen davor zurück, so langfristig
zu planen. Zusätzlich haben sie auch noch Angst, ihr Mitbewerber könnte dann die Idee klauen und früher oder bil-
liger damit auf den Markt kommen. Das ist natürlich nicht
ganz von der Hand zu weisen. Manchmal kommen zwei ja
wirklich zur gleichen Zeit auf dieselbe Idee. Dann unterscheiden immer noch Details und Originalität die Aktion.

Setzen Sie Ziele
und planen
Sie langfristig!

Suchen Sie deshalb immer ein zusätzliches Motto, und kündigen Sie dieses schon so früh wie möglich auf Ihrer Speisekarte an. Sie müssen spätestens auf der Frühjahrskarte die Werbung für den nächsten Herbst platzieren und für das erste Herbstprogramm so viele Aktionen wie möglich anbieten.

WICHTIG

Die 73. Wildwoche wird keinen mehr vom Sockel reißen, Wilderertage mit einem ausgefallenen Rahmenprogramm aber sehr wohl.

Das so frühe Ankündigen hat mehrere Hintergründe: Aus der normalen Werbung und dem Verkauf ist bekannt, dass mindestens sieben Impulse nötig sind, um eine Kaufentscheidung herbeizuführen. Wie oft bekommen Ihre Gäste die Speisekarte in die Hand? Das heißt, wie viele Chancen haben Sie, auf diesem Weg „unentgeltlich" für sich zu werben und den Gast schon neugierig zu machen? Ein weiterer Grund ist eine Durchführungsgarantie. Wenn Sie etwas schon so lange im Voraus ankündigen, müssen Sie es auch durchziehen. Als Ankündigung reicht dann „Im Oktober". Das genaue Datum können Sie später einfügen. Aus der Praxis kennen wir alle betriebliche Ereignisse, die manchen langfristigen Plan umwerfen können.

Unerlässlich ist eine exakte Erfolgskontrolle der einzelnen Aktionen

Welche Aktionen bringen den meisten Erfolg? Was Erfolg bedeutet, haben Sie vorher mit dem Ziel der Aktion festgelegt. Ist Neugastgewinnung das Ziel, müssen Sie natürlich auch feststellen können, ob dieses Ziel erreicht wurde. Eine Umsatzauswertung, und sei sie noch so positiv, gibt darauf keine Antwort. Also müssen Sie eine Möglichkeit suchen, wie Sie genau diese Information bekommen. Das geht am leichtesten mit einem Gewinnspiel, denn nur dabei bekommen Sie (legal) die Adressen der Gäste. Geben Sie aber gleich bekannt, wie Sie diese weiter verwenden wollen.

WICHTIG

Seien Sie bei den ausgelobten Preisen nicht zu zimperlich. Ein großer und viele kleinere Preise haben sich als zielführend erwiesen. Je mehr Gewinnchancen, umso leichter lassen sich neue Gäste gewinnen!

Selbstverständlich gehören betriebswirtschaftliche Zahlen zu jeder Aktion. Mit welchen Artikeln haben Sie Geld verdient? Was war top, was war ein Flop? Nun werden Sie sich im darauf folgenden Herbst auf die besten Aktionen beschränken, diese aber dann noch intensiver bewerben. Vergessen Sie nicht, Werbekooperationen vorzubereiten mit Lieferanten, Kollegen, passenden Händlern oder auch Reisebüros.

Kooperationen funktionieren und halten nur unter gleichwertigen Partnern. Jeder muss einen Nutzen für sich daraus ziehen können.

WICHTIG

Eine gute Kooperation mit Reisebüros ergibt sich nach dem Motto „Hier werden Urlaubsziele vorgestellt!"
Immer wieder erfolgreich ist die „Urlaubserinnerungsparty" im Herbst, wenn der Alltag die schönste Zeit des Jahres schon wieder aufzufressen droht.
Gut lässt sich mit Buchhandlungen kooperieren. Kochbücher mit regionalen Menüs, Weinbücher, Geschichte, Kultur, Krimis oder Literatur bieten sich an.
Im ländlichen Raum empfehlen sich Partnerschaften mit Spezialitätenherstellern, sei es eine ausgefallene Wurstspezialität, Schnäpse oder alle regionalen Produkte. Diese müssen nicht einmal unbedingt etwas mit Essen und Trinken zu tun haben.
Ein Direktvermarkter, der an verschiedenen Orten verkauft, kann vor allem dort für Sie werben, wo Sie selbst gar nie hinkommen würden.
„Ein Liederlicher Abend"; „Entengedichte zum Enten-Menü" – Themen gibt es mehr, als Sie überhaupt verbrauchen können. Für jede Jahreszeit wurde schon einmal etwas geschrieben oder komponiert. Da kommen dann automatisch weitere Akteure dazu: Schauspieler, Sänger, Musiker, Dichter, Kulturvereine und viele andere.

Überlegen Sie einmal, mit welchen Gewerbetreibenden aus Ihrer Umgebung Sie fruchtbar zusammenarbeiten könnten. Die abstraktesten Verbindungen bringen oft am meisten.

WICHTIG

Sollen Feiern als Schwerpunkt Ihr (zukünftiges) Angebot bereichern, steigen sofort Floristen oder Geschenkeläden mit ausgefallenen Ideen mit ins Boot.

Alte, fast vergessene Handwerke sind manchmal noch erreichbar und bringen Spaß für die Gäste und zusätzlich noch eine gute Presseresonanz.

Das alles erfordert auf den ersten Blick viel Zeit in der Planung und Ausführung. Aber wirklich nur auf den ersten Blick. Das Zauberwort dagegen heißt Delegation. Wenn der Chef natürlich immer denkt, nur er sei der „Motor" aller Aktionen, wird es auch so sein. Wie können Zuständigkeiten für eine Aktion verteilt werden?

Der Küchenchef ist zuständig für den Aktionenpool. Je mehr Vorschläge kommen, umso besser! Diese kann er mit seinem Team erstellen. Anfangs gilt die Regel: Quantität vor Qualität. Erst bei der näheren Planung wird über die mögliche Realisierung entschieden. Verfügbarkeit der Produkte, Eignung der Küche, Personalsituation – das alles muss dabei geklärt werden.

Aktionen gehen das ganze Haus an

Der Restaurantchef und alle Servicemitarbeiter sind zuständig für Dekorationen. Originelles kann man überall zusammenstöbern oder ausleihen! Gäste haben manchmal passende und ausgefallene Gegenstände, die sie gerne einmal einem größeren Publikum zeigen möchten. Praxisfall: Eine Wirtin hat am Stammtisch von ihren Plänen erzählt und was ihr dazu noch fehlt. Schon am nächsten Tag war alles zur Stelle. Beinahe jeder Stammgast konnte etwas beitragen. Dass es allen noch einen Riesenspaß gemacht hatte und deshalb auf eine Wiederholung drängten, war dann das berühmte Sahnehäubchen dabei. Die Stammgäste haben dazu noch Marketing in eigener Sache gemacht – das war Ehrensache.

Deshalb gibt es da auch noch das „Kreativteam".

Es besteht am besten aus Küche, Service, Chef und Lieblingsgast. Das Kreativteam entwickelt „das Drehbuch" für die Aktion.

Vergessen Sie das „Kreativteam" nicht

Durch das Loslassen der Ideensammlung behält der Chef den Blick auf das Wesentliche und verzettelt sich nicht in Kleinigkeiten. Mit dieser Strategie entfällt die Ausrede: „Ich habe für so etwas keine Zeit!" Genau genommen ist seine Aufgabe nur mehr die Koordination der notwendigen Schritte.

Es bleiben immer noch einige wichtige Aufgaben übrig:

▶ Motivieren aller Akteure.
▶ Zusammenführen aller Zahlen.
▶ Kontrolle der Kalkulation und der Ergebnisse.
▶ Erstellen der Karten und Druckwerke.
▶ Presseaussendungen.
▶ Weitere Aufgaben je nach betrieblichen Anforderungen.

Wenn nun der Chef auch zugleich der Küchen- oder Servicechef ist, was dann? Umso mehr müssen alle verfügbaren Mitarbeiter in das Finden und Ausgestalten jeder Aktion mit einbezogen werden!

Frühjahrsputz für Körper Geist und Seele

Nun folgt ein Beispiel einer ungewöhnlichen Aktion. Nicht der Herbst ist das Thema, sondern der Frühling. Die Zeit zwischen Weihnachten und Ostern kann immer schon zusätzliche Impulse vertragen. Nutzen Sie die Zeit der „Guten Vorsätze zum Jahresanfang". Räumen Sie in den Köpfen Ihrer Gäste einmal richtig auf! Auffallend ist alles – vom Titel bis zur Durchführung. Aber der Aufwand, vor allem auch der finanzielle, hält sich in überschaubaren Grenzen.

> Je mehr der Unternehmer selbst in das Tagesgeschehen eingebunden ist, umso mehr muss er delegieren

PRAXISBEISPIEL

Kreative Eventideen
Frühjahrsputz

Der Winterblues muss raus!

Raus aus dem Haus, raus aus dem Kopf, raus aus dem Körper und der Seele.

Der Frühling, die vielleicht schönste Jahreszeit, hält Einzug. Die Natur erzählt uns die Geschichte vom Frühling, vom Neuanfang. Zwischen den verdorrten Ästen zeigt sich das erste vorwitzige Grün und mit jedem neuen Tag etwas mehr. Bis der Frühling alles in ein frisches jungfräuliches Grün taucht. Die Tage werden heller und wärmer. In uns erwachen neue Lebensgeister. Das Jahr ist noch neu. Jeder hat das Bedürfnis, die grauen Wintertage jetzt endlich hinter sich zu lassen und mit vielen guten Vorsätzen in den Frühling zu starten.

Früher vertagten wir die bösen Geister, die sich im Winter bei uns eingenistet hatten. Oder entfernten einerweise die Asche aus dem Ofen. Diese Zeiten sind ja vorbei. Doch der Brauch des Frühjahrsputzes ist geblieben. Er ist so alt wie das Wohnen selbst. Altes muss weichen, um Neuem Platz zu machen. Diese positive Stimmung heißt es zu nutzen.

Machen wir doch einen Frühjahrsputz für Körper, Geist und Seele. Fangen wir bei uns an und nehmen wir unsere Gäste mit auf diesen Weg. Der Frühjahrsputz beginnt im Kopf.

104

Die Minimallösung an Werbung erfolgt im Haus über die Speisekarte, Tischaufsteller, am Schaukasten und über Plakate. Zu jeder Aktion gehören dann noch zusätzliche Werbemittel. Ob Sie Anzeigen schalten, Flyer oder Postwurfsendungen gestalten und drucken lassen, entscheidet Ihre Zielsetzung und Ihr verfügbares Budget. Soll die Aktion wirklich Geld hereinbringen, oder soll sie nur den Bekanntheitsgrad des Hauses steigern?

WICHTIG

Zuerst steigt der Bekanntheitsgrad des Betriebs, langfristig kann aber jede gut geplante Aktion tatsächlich auch ein finanzieller Erfolg werden!

Denken Sie gerade bei außergewöhnlichen Themen daran, dass der Umsatz alleine nicht einmal den betriebswirtschaftlichen Erfolg misst!

Wie verkaufsstark ist Ihre Speisekarte?

Nutzen Sie die Tatsache, dass rund 90 Prozent der Gäste beim Kommen noch nicht wissen, was sie essen wollen, für eine aktive Verkaufsförderung!

Schauen wir uns nun Ihre Karte einmal genauer an:
- ▶ Welche verkäuferischen Elemente setzen Sie schon ein?
- ▶ Slogans?
- ▶ Bilder?
- ▶ Zusatztexte, Überschriften?
- ▶ Nutzenversprechen, zum Beispiel für ein neues Produkt?

Um die 90 Prozent unserer Gäste wissen beim Kommen noch nicht, was sie essen wollen

Sie denken nun vielleicht: „Was soll das? Ich will doch eine Speisekarte und keinen Katalog!"

Aber genau das ist der Unterschied. Die Speisekarte ist nun einmal das wichtigste Kommunikations-, Verkaufs- und Selbstdarstellungsmedium im Betrieb.

Wir werden täglich mit Bildern und Reizen überflutet.

In dieser Situation setzen sich nur klare und eindeutige Botschaften durch. Ein aussagekräftiges Bild und ein Text dazu, der Wünsche weckt. Haben Sie das bei der Gestaltung Ihrer Karte berücksichtigt?

Gezieltes Verkaufen ohne „Bild-Magie" ist kaum noch möglich. Die Dominanz der Bilder bedeutet bei der Kartengestaltung „Bilder zuerst". Bilder können durch direkt und unmittelbar platzierte Texte verstärkt werden.

Diese Information sollte entweder unter dem Bild oder links vom Bild liegen. Bild und Text müssen sich ergänzen, nicht ersetzen! Karte und Servicemitarbeiter sollten sich im Idealfall ergänzen, nicht ersetzen!

Nun zu den „richtigen Bildern".

Entweder Sie bleiben bei der „Preisliste", oder Sie machen mehr Appetit und Konsumlust durch aktive Gestaltung

Bilder müssen Appetit machen und Wünsche wecken. Eine Grafik, auf der man nicht erkennt, ob sie nun eine Kartoffel oder eine Semmel darstellen soll, ist dafür nicht geeignet. Sogenannte Clip-Arts, die Sie bei allen möglichen Programmen dabeihaben, erfüllen unsere Ansprüche daher meistens nicht. Oder haben Sie Lust, in einen quietschgrünen Salatkopf zu beißen? Auch ein noch so gut gemeintes, sogar von einem Künstler oder Grafiker erstelltes Bild kann voll daneben liegen, wenn es das Thema insgesamt oder das Produkt nicht unterstützt. Ein intensives Briefing an den Grafiker ist unerlässlich.

Die Kataloggestalter platzieren die ertragsstärksten Artikel häufig auf einer Extraseite

Herbstliche Verführungen im September – kommen Sie mit in Wald, Flur und Garten

Anfangsflirt:

Glas Winzersekt
mit Gierschblütensirup 3,80

♣ ♣ ♣

Kleines Kaltes:

**Feldsalat mit zartem
Rehschinken,**
angerichtet mit gebratenen Pfifferlingen
und Sonnenblumenkernen. Mariniert wird
mit hausgemachtem Waldbeerenessig und
Walnussöl (6,20) 8,90

Gemischter herbstlicher Salat
mit gebratenen Austernpilzen und glasierten
Apfelspalten, mit Tannenhonig-Nuß-Dressing
mariniert (6,20) 8,90

**Carpaccio
von gelben und grünen Zucchini**
auf feinen Tomatenwürfeln angerichtet,
Traubenkernöl und Parmesanspäne 6,20

♣ ♣ ♣

Herzhaft dazu:

Dinkelbrotflöte
mit Kräutern und Walnüssen,
Quarkaufstrich 2,80

♣ ♣ ♣

Klare Waldpilzsuppe
mit Dinkelgrießnockerln 3,90

Hokkaido-Kürbiscremesuppe
im Brotteig serviert 4,20

♣ ♣ ♣

Nicht nur für Vegetarier:

Steinpilze und Pfifferlinge
in Sojacreme,
dazu gibt's gebackene Polenta-Halbmonde
(7,80) 9,80

**Goldgelb gegrillte
Bodenseefelchen** auf Waldpilzcreme,
Kartoffel-Zucchinirösti (9,20) 11,20

♣ ♣ ♣

Hauptsachen

Stubenküken
mit herbstlichen Begleitern aus den Streu-
obstwiesen und Wäldern gefüllt
und im Ofen gebraten,
Rotkraut und Kartoffelpüree 16,40

Gegrillte Schweinemedaillons
auf Quitten-Kürbis-Ragout serviert,
Kartoffellaibchen (10,80) 13,20

> Jetzt passt doch am besten ein
> junger Wein ...
> **2006er Zweigelt
> aus Österreich**
> Glas 0,1 l 2,40

Ofenfrische Gänsebrust
auf Hagebuttensauce, mit Rosenkohl
und einem gefüllten Bratapfel und haus-
gemachten Kartoffelklößen 14,80

Sauerbraten vom Wildschwein
in beschwipster Pflaumensauce
mit gebackenen Kartoffel-Honig-Nocken
serviert (11.80) 13,80

(Preise in Klammern sind kleinere Portionen)

♣ ♣ ♣

... was Süßes geht immer noch:

Hausgemachtes Walnußeis
mit warmem Kürbiskernöl 4,80
...als Probiererle 2,90

Edles Hoch%iges aus Franken:
Schlehenbrand vom Haas
2cl 2,80

Jahresreigen 2007/2008 Herbstliche Verführungen ♣ Im September ♣ Im Oktober treiben wir's recht wild ♣ Im November wird's Gans gut
Im Dezember entzünden wir das Winterfeuer ♣ Im Januar halten wir Winterschlaf Im Februar fischen wir frische Fische ♣ Im März wird's grün, grün!
Im April weiden wir die Lämmer ♣ Im Mai eröffnen wir den kulinarischen Kultur-Biergarten mit dem Theatersommer ♣ Im Juni wird's beerig ...
Juli und August treffen wir uns täglich bei schönem Wetter im Kultur-Biergarten – ohne Ruhetag! In den anderen Monaten haben wir am Dienstag frei.

Profilierseite

Ergänzen Sie Ihre
Speisekarte mit aus-
gewählten Getränke-
empfehlungen

Kommen wir nun noch einmal auf den Katalog zurück. Im Restaurant kann dabei eine „Profilierseite" eingesetzt werden. Hier werden alle Produkte versammelt, die das „Unverwechselbare" des Betriebs ausmachen. Also Ihre Schwerpunkte, die Sie von den Mitbewerbern abheben.
Durch das Einfügen von Empfehlungen unterstützen Sie Ihre Mitarbeiter beim aktiven Verkauf, auch wenn einmal wenig Zeit zur Beratung des Gastes bleiben sollte.
Zusatznutzen für den Service:
Die Tipps für den Gast erleichtern die Vorbereitungsarbeiten. Alles, was stärker gefragt ist, kann in ausreichender Zahl am Arbeitsplatz bereitstehen. Dazu wählen Sie selbstverständlich Ihre „Gewinner" aus.

Heißt's Semmelknödel, Semmelnknödel oder Semmelnknödeln?

Darüber philosophierte bereits der in München geborene Volkskomiker Karl Valentin erfolglos.

Vieles ist über die leckeren Knödel bekannt, aber wussten Sie zum Beispiel, dass unsere in Pfahlbauten lebenden Vorfahren bereits 2000 v. Chr. eine Art Urknödel verspeisten?
Das erste Bild eines Knödels aus dem Jahr 1290 prangt auf einer sakralen Freske in der Burgkapelle im österreichischen Hocheppen und zeigt eine Klosterfrau beim Essen ihrer runden Leibspeise. In einem österreichischen Volkslied wird sogar der montägliche Knödeltag besungen. Die Österreicher lieben die runden Dinger also genauso wie die Bayern. Bis vor 450 Jahren wurden Knödel vor allem aus Brot zubereitet, da die Kartoffel erst danach von den spanischen Eroberern aus Amerika in Europa eingeführt wurde. Im Jahr 1894 heißt es in einem sogenannten APPETIT-LEXIKON, dass Knödel schmackhaft, nahrhaft, sättigend und sogar ohne ärztliche Verordnung zu genießen sind.

„Der Bayer liebt die Berge von unten, Kirchen von draußen und Wirtshäuser von innen."

Umgekehrt kommen auf Ihrer Getränkekarte Speisenempfehlungen vor. „Gewinner" dürfen ruhig auch öfter eingesetzt werden – wo immer sie passen.

Sie können diese Empfehlungen mit einem Bild unterstützen. Es kann ein Empfehlungssatz sein wie: Dazu passt am besten der trockene Weißwein vom Weingut (Name und kurze Beschreibung). Oder eine einfache Grafik (ein Textfeld mit Rahmen) mit dem Produkt.

Wenn Sie zusätzliche Beilagen verkaufen wollen, müssen diese auch dort zu erkennen sein, wo sie dazugehören.

Profis brauchen eine volle Klaviatur, um alle verkäuferischen Möglichkeiten ausspielen zu können.

Für Ihre (geschulten!) Mitarbeiter bedeutet das, mit Standard-, Tages- und Dessertkarte zu „spielen". Dazu müssen alle Verkaufshilfen aufeinander abgestimmt sein.

Speisekarte vom Landgasthof Schanz
Erzählen Sie Ihrem Gast eine Geschichte und arbeiten Sie mit appetitanregenden Bildern!

Die Tageskarte kann sich zu einem attraktiven Mitnahme-artikel entwickeln, wenn sie mit Kundennutzen gespickt ist. Das kann sich von Veranstaltungshinweisen im Ort oder im eigenen Haus bis zu ausgewählten Zeitungsarti-keln, Tageshoroskopen, Tagesleitsätzen oder auch Humor erstrecken.

Ein lose eingelegtes Blatt wird wesentlich mehr beachtet als eine eingesteckte Seite

Die Interessen Ihrer Hauptzielgruppe entscheiden über die passende Auswahl. Die Gäste schätzen diesen Ser-vice sehr hoch ein. Nutzen Sie dazu die Rückseite der Tageskarte. Das geht allerdings nur dann, wenn Sie die Tageskarte nicht fest einziehen. Ihre Mitarbeiter werden anfangs eher nicht davon begeistert sein. Sie müssen dadurch nämlich jede Karte noch genauer kontrollieren – und das nach jedem Gast. Zusatznutzen für Sie: Die Kar-ten werden dadurch „besser gewartet".

Das Auge ist ein unbelehrbares Organ!

Wenn Sie den Mitarbeitern den Sinn dieser Maßnahme er-klären, wird das meist ohne großen Widerstand erledigt. Schriftliche Angebote sind verkaufsstark gestaltet, wenn alle Argumente dafür erfasst und entlang der optimalen Lesekurve logisch gereiht werden.

Die Lesekurve ist der typische Blickverlauf beim Betrach-ten von (Werbe-)Briefen, Broschüren, Magazinen und Zeitungen. Dieser hat sich trotz neuer Medien bei Druck-erzeugnissen bis heute nicht verändert. Beobachten Sie Ihre Gäste einmal genauer, wie sie mit Ihrer Karte umge-hen, und finden Sie die Lesekurve heraus.

Lesekurve Vögele

Die sieht im Normalfall so aus:

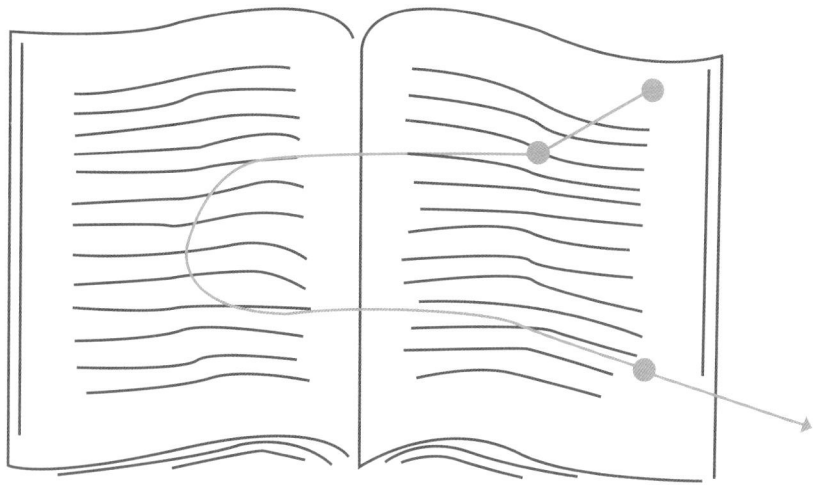

Diese „Augenblicke" wurden von Siegfried Vögele, dem Direktmarketingpapst, mit der extra dafür in den 1980er-Jahren entwickelten Augenkamera erforscht. Eugen Pauli, ein bekannter Schweizer Koch und wichtiger Impulsgeber für die Schweizer Küche, hat schon viel früher herausgefunden, dass die rechte Seite der Speisekarte einfach als „aktiv" im Verkauf bezeichnet werden kann.

Umso erstaunlicher ist es für mich, dass dieses Wissen nicht einmal im Ansatz in der Gastronomie berücksichtigt wird. Pauli sprach schon damals von „klassischer oder moderner Kartengestaltung".

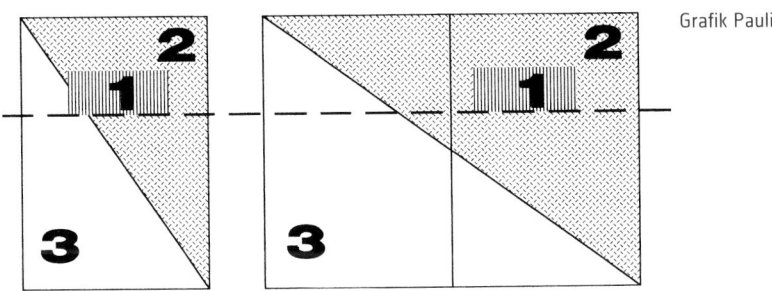

Grafik Pauli

Katalog- und Magazingestalter gehen noch einen Schritt weiter. Sie unterstützen Texte mit Bildern. Konkret führen sie damit den Blick an der Lesekurve entlang – sie benutzen die Lesekurve als Verstärker. Aber sie biegen sie niemals um!

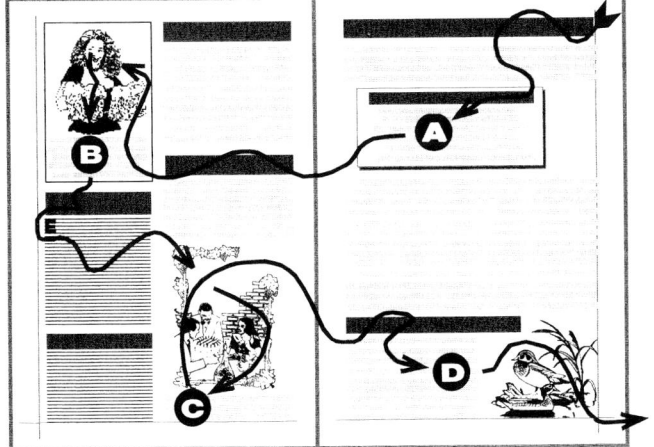

Grafik Kroeber Riel

Sie können an allen drei Grafiken zwei Übereinstimmungen erkennen: Die rechte Seite ist immer der Einstieg, also die aktive Seite. Die Lesekurve ist immer ein liegendes U, mehr oder weniger ausgeprägt. Je mehr Seiten Sie in Ihrer Karte haben, umso kürzer wird das U; das heißt, umso weniger wird die linke Seite beachtet.

Damit können Sie alle wichtigen Botschaften an Ihre Gäste und Ihre „Gewinner" so verteilen, dass sie nicht mehr „übersehen" werden können!

Es macht also Sinn, die Karte zu „zerlegen" und bei einem umfangreichen Angebot zumindest die Getränkekarte extra zu gestalten.

Wenn Sie den aktiven Verkauf von einem bestimmten Aperitif beschlossen haben, gehört der an den besten Platz in Ihrer Karte, also an den Anfang. Am besten rechte Seite oben und nicht, wie häufig in der Praxis, nur hinter die Speisekarte am Anfang der Getränke. Spezialisten verstecken sie sogar unter der wirklich verkaufsverhindernden Rubrik „Spirituosen" irgendwo in einer willkürlichen Auflistung.

Allein durch das richtige Anordnen der Seiten in der Karte können Sie Ihr Betriebsergebnis verbessern

Ist Ihre Hauschronik für den Gast so wichtig, dass Sie dafür die beste Seite verschenken? Wohl nur dann, wenn Sie an die Geschichte des Hauses Ihre gesamte Philosophie und Ihr Leitbild angelehnt haben. Dazu muss aber wirklich viel Interessantes passiert sein! Trainieren und schulen Sie Ihre Mitarbeiter regelmäßig mit Ihrer Karte. Tägliche kurze Servicebesprechungen verleihen Ihrem Verkaufsteam Flügel! Gastronomen haben mir bestätigt, dass – konsequent durchgezogen – 5 Minuten ausreichen.

Das „Nachfassen" ist in jeder Branche am POS (Point of Sale, dem Punkt des Verkaufens) am erfolgreichsten. Ihre Speisekarte ist der POS bei Ihnen. Also nutzen Sie diese Tatsache für Zusatzverkäufe.

Was sind eigentlich Zusatzverkäufe?

Alle Artikel, die der Gast nicht automatisch und auf jeden Fall konsumiert. Für die Gastronomie lohnt es sich, einmal genauer hinzusehen. Ein typischer Zusatzverkauf ist der Aperitif oder das Dessert, ein spezieller Kaffee oder ein Digestif. Inzwischen werden auch Vorspeisen oder Suppen dazu gerechnet, da sie in vielen Lokalen nicht mehr selbstverständlich vom Gast bestellt werden.

Wenn ein Gast ein Hauptgericht für 12 bis 15 Euro bestellt (und das trifft auf viele von uns befragten Betriebe zu), wird er kaum ein Dessert für 6 Euro nehmen. Machen Sie es wie Aldi und Co.! Diese agieren am erfolgreichsten im „Unter-5-Euro-Bereich"! Das sind die unüberlegten Zusatzkäufe der Kunden. Diese bringen die Kassen zum Klingeln. Einen sicheren Zusatzverkauf können Sie anders als Ihre am meisten verkauften Artikel kalkulieren.

Dabei geht es um „Haben" oder „Nichts". Das Geld verdienen Sie bei richtiger Kalkulation mit der „Hauptkonsumation" des Gastes. Und der Zusatzverkauf bringt die Rosinen. Genau wie bei Tchibo und allen anderen, die es uns täglich genau vormachen, wie es geht!

Der Preis des Desserts muss immer im richtigen Verhältnis zu den Hauptspeisen stehen! Dieser sollte 1/3 des durchschnittlichen Hauptspeisenpreises nicht überschreiten.

Erstellen auch Sie einen „Einkaufskorb" für Ihre Gäste, und packen Sie so viel wie möglich hinein!

WICHTIG

Schnäppchen ist das wichtigste Wort der Discounter.
Diese sind nun einmal in – besonders in der gehobeneren Einkommensschicht. Das ist der sogenannte „clevere Konsument" – nutzen Sie als „cleverer Gastronom" diese Entwicklung für sich. Nach der Studie eines Meinungsforschungsinstitutes ist der gut gebildete Mann zwischen 25 und 49 Jahren am „geizigsten". Er spart am meisten und legt sein Geld gerne an. Schnäppchen können ihn aber trotzdem verführen. Es ist beinahe schon jeder mögliche Konsument vom Schnäppchenfieber infiziert. Bieten Sie deshalb Ihren Gästen unbedingt solche an, ohne Ihr Kernangebot zu verwässern! Und das geht am besten bei den Zusatzverkäufen.

Was sind Gewinner?

Das sind die Artikel, die uns am meisten Euro (nicht Prozente!) in unsere Kassen wirtschaften. Aber nicht als Umsatz, sondern als Deckungsbeitrag. Das, was tatsächlich übrig bleibt.

Suchen Sie in jeder Ihrer Warengruppen den Gewinner!
Dieser Artikel braucht auf der Karte immer den besten Platz. Und er muss unbedingt standardisiert werden, damit kein Gast jemals davon enttäuscht werden kann! Fatal wird es, wenn Sie den Gewinner und den Renner verwechseln.

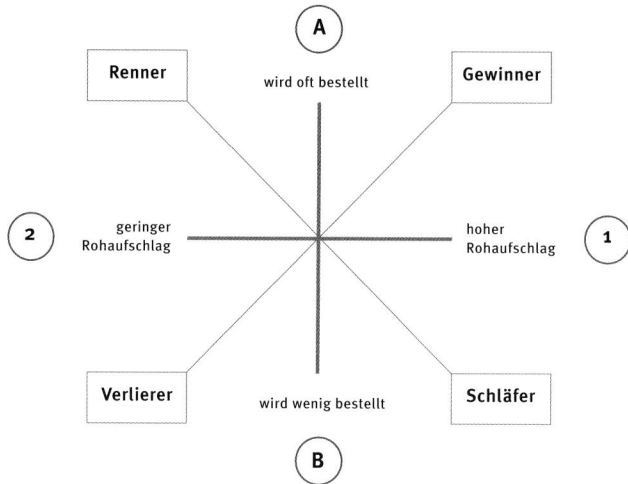

Ich höre immer wieder: Das ist sowohl ein Renner als auch ein Gewinner! So richtig wie falsch: Der Gewinner „rennt" tatsächlich und bringt auch gute Erträge. Der Renner „rennt nur" und bringt Umsatz – aber kaum Gewinn!

Da bleibt nur eines: Der schlechteste Platz auf der Karte. Entfernen Sie Renner aus der Lesekurve, sofern dies irgendwie möglich ist. Gewinner so gut und appetitlich beschreiben und darstellen, dass der Gast einfach Lust darauf bekommt. Wenn Sie mit Fotos arbeiten, lohnt es sich, vom Gewinner ein Profi-Foto auf die Karte zu setzen.

WICHTIG

Häufig sind die Renner in den Betrieben auch die Artikel, die im Umfeld verglichen werden, und Sie können den Preis nicht einfach anheben. Nicht einmal die Portionsgröße dürfen Sie ungestraft verändern!

PRAXISBEISPIEL

Eiskarte: Viele (oder sogar die meisten) Gastronomen arbeiten mit den Eiskarten der Hersteller und deren Bildern. Dagegen ist wenig zu sagen außer: Sie können den Verkauf damit schlecht steuern. Wenn Sie nun Ihren Gewinner bei den Eisbechern, der selbstverständlich von Ihnen kreiert wurde und nicht auch bei Ihrem Mitbewerber erhältlich ist, mit einem aussagekräftigem Foto auf die Karte setzen, wird er laufen.

Voraussetzung: Großes, einziges Bild auf der rechten Seite und ein nicht alltäglicher Text dabei. Alle anderen Eisbecher beschreiben Sie natürlich auch, aber es gibt kein Bild und keinen gleichwertigen Text, die vom Gewinner ablenken.

Wenn Sie mehrere wichtige Positionen haben, und das ist die Praxis, einfach an der Lesekurve entlang auf der Karte verteilen.

Nur Gewinner gibt es nicht! Das wollen natürlich alle erreichen, aber es ist nicht möglich. Egal wie gut Sie Ihre Karte kalkulieren und gestalten, Sie werden immer Verlierer, Schläfer, Gewinner und Renner unterbringen müssen. Wenn Sie Ihre Karte verkleinern wollen, werden Sie als Erstes die Verlierer streichen. Wie lange können Sie kürzen, ab wann hat der Gast das Gefühl, Ihre Auswahl wäre zu klein?

Seien Sie nicht allzu traurig, wenn Sie nicht alle Gewinner richtig platzieren können

Falls Sie nun gleich richtig loslegen wollen, sollten Sie eines nicht vergessen: Machen Sie einen Status, wie Ihr Verkaufsmix im Moment aussieht, bevor Sie etwas verändern. Dann schreiben Sie genau auf, was Sie verändern wollen. Zum Beispiel soll ab sofort der Zander besser laufen als die Forelle.

Wichtige Fragen dazu:

▶ Welche Rolle spielte die Forelle bisher?
▶ Ist sie ein wichtiger Bestandteil des Profils oder ist sie „nur ein austauschbares Fischgericht"?
▶ Wie ist der Zander beschrieben?
▶ Wo steht er auf der Karte?
▶ Kann er durch ein Bild ergänzt werden?
▶ Ist es möglich, durch einen Zusatzverkauf, wie eine passende Weinempfehlung, noch mehr Aufmerksamkeit zu erlangen?
▶ Stimmt der Preis?
▶ Sind die Mitarbeiter über die geplante Veränderung und deren Zielsetzung informiert?

Nun platzieren und gestalten Sie den Zander um und beobachten, was geschieht. Sie brauchen mindestens 4 Wochen, um eine Veränderung tatsächlich zu bestätigen. Alles andere kann Zufall sein.

Bei einer kompletten Neuorientierung und Ausrichtung Ihres bestehenden Angebotes sind 3 Monate der kürzeste Zeitraum für seriöse Auswertungen.

Wie profilieren Sie sich mit Ihrer Karte?

„Nicht spezialisieren, sondern profilieren!"
Profilieren Sie sich durch ein konsequent angesteuertes Unternehmensziel?
Achtung:
„Kosten senken" – „Umsatz steigern" – „Angebot straffen" sind keine Unternehmensziele, sondern die Folgen davon!
Gute Unternehmensziele lassen sich an folgenden Fragen erkennen:
► Was fehlt in meiner Region und was für eine Lücke entsteht in meinem Ort, wenn ich meinen Betrieb zusperre?

Je besser das Unternehmensziel ausgearbeitet wurde, umso schneller und kürzer werden Sie diese Frage beantworten können.

Profilierungsbeispiel Qualität:
► „Qualität ist das Erfüllen aller Gästeerwartungen!"
Aber welche Erwartungen haben Gäste
an einen kinderfreundlichen Betrieb,
an ein Lokal im Business-Geschäft zu Mittag,
an ein Lokal im Business-Geschäft am Abend,
in der Nähe einer Schule,
am Abend nach dem Sport,
an einen Betrieb mit regionaler Speisekarte?

Profilierungsbeispiel Angebot:
► „Wir haben die besten Salate!"
► „Schnell, leicht und gesund."
► „Vor Ihren Augen für Sie gekocht."

Profilierungsbeispiel Service:
► „Wir haben die freundlichsten Mitarbeiter/innen, unser Service ist nicht zu bremsen ..."

Profilierungsbeispiel Preis:
► „Das familienfreundliche Sonntagsessen!"
► Zusatzverkäufe „preiswert"
Obwohl ich den Preis für das gefährlichste Marketinginstrument halte, kann es in einem kleinen Angebotssegment sehr nützlich sein.

Profilierungsbeispiele (und Neukundensuche!) mit demonstrativer „Unüblichkeit":

▸ „Mehr Einkaufserlebnis!"

Mit Bedacht und gut kalkuliert: freie Beilagenwahl oder verschiedene Portionsgrößen!

▸ „Essen verkehrt"

Dies kommt dem neuen Ernährungstrend entgegen und enthält wenig Fleisch oder Fisch (maximal 120 g), aber viele Beilagen. Was beim Spargel immer schon möglich war, warum soll das nicht das ganze Jahr mit den frischen Gemüsen funktionieren? Eine Todsünde aus der Sicht des Gastes: Beilagenänderung gibt es nur gegen Aufpreis oder Service-Gemeckere!

Profilierungsbeispiel „Verkaufsförderung":

▸ Ein Comic zum Kinderteller oder andere anspruchsvollere Geschenke.
▸ Hochpreisige Artikel wie das Glas Champagner oder ein Glas exklusiven Flaschenwein zu einem ausgewählten Essen als „Paket".

Das bietet sich als Aktion an

Profilierungsbeispiel „Neu-Gast-Gewinnung":

▸ Eine extra Ansprache für neue Gäste; zum Beispiel die betont freundliche Aufforderung, Extrawünsche zu äußern. Stammgäste tun das sowieso!

Ein Instrument zur Neugastgewinnung scheidet die Geister: Restaurantkarte 2 für 1. Zwei Essen, einer bezahlt das Hauptgericht nicht. Findet mehr Interesse bei den Gästen als bei den Gastronomen. Die relativ kleinen regionalen Auflagen boomen als Weihnachtsgeschenke. Jeder beteiligte Gastronom hat in diesem Fall ziemlich sicher die garantierte Auflage als Gäste x 2. Viele Gastronomen sehen den Nutzen wirklich darin, dass eine einmalige Anzeige in einer Tageszeitung auf einmal mehr kostet als im Monat an Wareneinsatz für das zweite Gericht verbraucht wird. Trotzdem sollten Sie den Einsatz und den Anbieter sehr genau unter die Lupe nehmen. Gehen Sie nur hinein, wenn Sie neue Gäste mit einer überzeugenden Leistung gewinnen können. Also entweder richtig oder gar nicht! Behandeln Sie „Gutscheingäste" nicht abwertend sondern mindestens genau so gut wie Ihre „Lieblingsstammgäste" und sagen Sie Ihren Mitarbeitern was für Sie dahinter steht.

Bedenken Sie: Solche Einträge bleiben mindestens ein Jahr lang wirksam!

Wie überzeugend wirbt Ihre Karte?

Werbung und Verkauf kann die Gewohnheiten unserer Gäste, beispielsweise die Lesegewohnheiten oder die Schnäppchenjagd, benutzen – aber nie verändern.

▶ Sind Ihre Argumente so einmalig und so markant wie Ihr Unternehmensziel?

▶ Unterstützen Ihre Werbeargumente das Erreichen des Unternehmensziels?

Der Sinn jeder Botschaft ist die Veränderung, die sie erreichen soll! Gibt es in diesem Sinn auf Ihrer Karte Eigenwerbung für Ihre Zusatzangebote wie

▶ Hotel?

▶ Straßenverkauf?

▶ Partyservice?

▶ Aktionen und Attraktionen?

▶ Langfristige Jahresplanung?

▶ Sind die „Werbehinweise" auf Ihrer Karte so getextet und platziert, dass sie neugierig machen durch Überschriften oder einen Slogan? Trotzdem unaufdringlich bleiben mit kurzen Sätzen und kurzem Text? KISS – Keep it Simple and Short. In diesem Fall übersetzt: Sag es einfach und klar.

▶ Haben Sie eine „schwarze Liste" mit den häufigsten Werbeaussagen der „Mitbewerber" angelegt? In diese Liste sind auch alle Wischiwaschi-Üblichkeiten aufzunehmen wie „interessant", „besonders", „schön" oder „Wir freuen uns, Sie heute bei uns begrüßen zu dürfen" und so weiter, die eigentlich nichts aussagen! Wenn bei einer Aussage nicht automatisch ein Bild im Kopf entsteht, ist sie nutzlos! Halten Sie sich konsequent daran, die in diesen „schwarzen Listen" gesammelten Begriffe, Argumente und Wendungen Ihrer nahen Mitbewerber nie bei eigenen Produktbeschreibungen, Werbung oder Verkauf zu verwenden?

WICHTIG	**Benutzen Sie niemals die Werbeaussagen anderer Betriebe in Ihrer Nähe, auch wenn sie Ihnen noch so gut gefallen! Das ist einmal Diebstahl von geistigem Eigentum und führt auch automatisch zu Verwechslungen mit dem Original!**

- ▶ Legen Sie eine nicht so erfolgreiche Aktion nie einfach unter dem Stempel „das war ja nichts" ab, sondern stellen Sie nach Abschluss konkrete Fragen: „Wie war die generelle Akzeptanz des Angebotes bei den Gästen?" Hier fällt mir spontan die Vollwertküche ein, die Anfang der 1990er-Jahre kläglich Schiffbruch erlitten hat. Damals waren die Gäste noch nicht auf dem Wellnesstrip. Beinahe die gleichen Gerichte boomen heute – doch viele Köche haben aus den früheren Erfahrungen nur den einen Schluss gezogen: Die Gäste wollen das nicht. Ich sage dazu nur: Ja, damals ...!
- ▶ Wie wurde es beworben?
- ▶ Wurde der richtige Zeitpunkt gewählt?
- ▶ Wie wurde die Aktion von den Mitarbeitern gelebt? Wie war die Akzeptanz im eigenen Haus? Die meisten Veränderungen und Projekte scheitern an diesem Punkt!

Noch einmal Aldi: Nach Weihnachten und Neujahr boomen die Fitnessstudios. Deshalb bietet Aldi in dieser Zeit auch alles für die guten Neujahrsvorsätze an. Haben Sie schon einmal im Januar „Leicht-Gewichts-Gerichte" angeboten? Nein? Ach so, das machen Sie im Juni, wenn der Salat billig ist?

Verkaufen bedeutet nach Ernest Dichter „... eine Brücke zwischen der Seele des Produktes und der Seele des Käufers aufzubauen!"

Baut Ihre Werbung in diesem Sinne möglichst viele Dialogbrücken zu möglichst vielen Erwartungen Ihrer Gäste auf und verstärkt sich damit die Gästebindung? Sind Ihre Werbeargumente in dieser Richtung „emotional" aufgeladen?

Also nicht mehr Einheitsbrei wie
- ▶ interessante Steak-Vielfalt,
- ▶ Steak-Variationen von höchster Qualität,
- ▶ erlesene Steak-Genüsse für Kenner,

sondern
- ▶ Steaks, wie sie die Gauchos lieben. „SCHREIBEN SIE BILDER!" Bei welcher Beschreibung hatten Sie sofort ein Bild vor Augen? Auch wenn Sie kein Western-Fan sind?

Aktivieren Sie immer alle Sinne Ihres Gastes!

Trotzdem muss die Sprache in der Karte natürlich bleiben und nicht affektiert klingen. Ein „Gangerl" oder „Supperl" lockt schon manchem ein Schmunzeln auf die Lippen. Besonders wenn er den Erfinder eben dieser Wortschöpfungen kennt. Aber muss es wirklich auf Ihrer Speisekarte stehen?

Zu was animiert Ihre Karte?

McDonald's befriedigt Bedürfnisse – z.B. „Hunger"!
Wie grenzen Sie sich dazu ab?
Sie „müssen" in Ihrem Restaurant Erwartungen erfüllen.
„Gäste wollen sich bei Ihnen etwas gönnen!"
Kennen Sie die drei wichtigsten Erwartungen, mit denen Ihre Gäste zu Ihnen kommen? „Nein?" „Sollten Sie aber!"

Erwartungshaltung „Abwechslung":

► Animiert Ihre Karte, Neues zu probieren?
► Wie innovativ ist Ihr Angebot?
► Ergänzen Sie Ihr Standardangebot mit einem Jahresreigen?

Erwartungshaltung „Wunsch nach Harmonie":

► Animiert Ihre Karte zu einem unbeschwerten Wohlfühlen? Also kein „französisches Gequatsche", wo deutliches Deutsch besser ist!

WICHTIG

**Klassische Garniturnamen sind endgültig out!
Wenn sie unbedingt noch irgendwo sein müssen, bitte mit animierender Beschreibung erklären.**

► Verwenden Sie auch auf der Karte Ihre normale Sprache. Sagen Sie zum Gast wirklich: „Dürfen wir Sie noch auf unseren Käsewagen hinweisen? Unser Service berät Sie gerne."

Erwartungshaltung „Das kann ich mir auch 3-mal die Woche leisten":

► Animiert Ihre Karte neue Gäste zum Wiederkommen? Hier ist nämlich das Bestellen von kleinen, schnellen Happen keine Todsünde!
► Ich muss mich nicht mit dem Bestellen einer „Vorspeise" blamieren, wenn ich mir was Gutes und Schnelles zwischendurch gönnen möchte.

Welche Animier-Elemente verwenden Sie?

▶ Themenbetonte Motive als „Stimmungs-Verstärker"?
▶ Ess- oder Trinkberatungen als „Erlebnis-Verstärker"?
▶ Erklärungen und Produktbeschreibungen als „Genuss-Verstärker"?
▶ Informationen, Tipps und Anregungen als „Wunsch-Verstärker"?

Was ist die Aufgabe Nummer 2 aller Animier-Elemente?
Zusätzliche Bestellungen durch „Gedankenbrücken" zu erwirken.

▶ Das Knoblauchbrot zum Salat.
▶ Das Glas Rotwein zum Käse.
▶ Den Kaffee zum Dessert.
▶ Den „Geschmacksverstärker" im Cappuccino.

Weitere Ideen für Zusatzverkäufe sollten Sie mit Ihren Mitarbeitern im eigenen Betrieb suchen. Es liegen noch einige Reserven brach – die Wette gilt!

WICHTIG

Und die Aufgabe Nummer 1 aller Animier-Elemente?
Speisekarte, Gastgeber, Restaurantdekoration und Betriebskonzept zu einer harmonischen Einheit zu verschmelzen, die Gäste bindet, indem sie Erlebnisse provoziert!

Ein neuer Begriff spukt durch die Gastronomie: Rückwärtskalkulation oder Zielkostenkalkulation. Nicht mehr was muss ich haben, wenn ich diesen oder jenen Artikel verkaufe, sondern was ist mein Gast bereit, dafür auszugeben?

Was geben meine Gäste im Durchschnitt pro Restaurantbesuch bei mir aus?

Welcher Kartentyp ist der beste für Ihr Ziel?
Bei Angebotskarten gibt es viele verschiedene Systeme. Jedes davon hat Vor- und Nachteile. Die ideale Karte gibt es nicht. Weder vom System her noch von der Gestaltung! Das ist aber kein Problem, denn Sie sollten Ihre Karte sowieso öfters „umbauen". Nur den für Ihren Betrieb und Ihre angestrebten Ziele besten Typ gilt es herauszufinden: Welcher Kartentyp hilft uns am sichersten, unser Unternehmensziel zu erreichen?

Zuerst einige grundsätzliche Fragen, um herauszufinden, welche Anzahl an Speise- und Getränkekarten Sie tatsächlich brauchen:

▶ Ist die vorhandene Stückzahl für die Verkaufsförderung überhaupt ausreichend?

Die Karten haben nur eine bestimmte Lebensdauer. Wenn Sie eine zu geringe Stückzahl im Umlauf haben, sind die Karten einfach schneller verschlissen. Sie sparen also an der falschen Stelle!

▶ Bekommt jeder Gast eine Karte?
▶ Können die Gäste „in Ruhe" lesen und wählen?
▶ Bleibt an jedem Tisch ständig mindestens eine Karte in Griffnähe?
▶ Ist der Verlust von Karten – kalkuliert – eingeplant und zu verschmerzen?

Wer eine dieser fünf Fragen nicht mit Ja beantworten kann, verabschiedet sich jetzt aus dem Kreis derer, die mit wenig Aufwand gute Zusatzumsätze erreichen wollen.

Die vier häufigsten und erfolgreichsten Kartentypen

Die exklusive Buch- (oder Blätter-)Karte
Wird komplett mit Einband sehr aufwendig für eine ganze Saison gedruckt und gebunden und hauptsächlich in der gehobenen (System-)Gastronomie eingesetzt.

Die äußerst funktionale Einsteckkarte
Wird in vielen Variationen von spezialisierten Händlern und Erzeugern angeboten. Sie können sie inzwischen sogar schon im Internet bestellen und haben dabei die Auswahl zwischen etwa 300 Modellen, von der Lederkarte, auch modern gestaltete, bis zur Kartoneinschubkarte. Ist inzwischen der am meisten eingesetzte Typ für beinahe jede Gastronomieschiene. Die Möglichkeit der Selbstgestaltung und die Flexibilität der Seiten, bei bestimmten Systemen sogar der Seitenzahl, haben den Siegeszug noch beschleunigt.

Das aufwendige Schöndruckprodukt mit Souvenircharakter

Diese Karte wird oft als „Zusatzangebot" zum Selbstkostenpreis verkauft. So ist es zumindest gedacht. Die meisten werden aber mitgenommen, einfach so. Viele Betriebe sehen diese Karte als ihren Prospekt und wollen, dass die Karte „mitgeht". Bei dieser Karte entscheidet der Einsatz von professionellen Bildern, gutem, auf das Restaurantthema zugeschnittenes Layout und die Umsetzung beim Drucker über den Erfolg.

Die günstige Zeitungsvariante, ebenfalls als Mitnahmekarte gedacht

Der „Kartenklau" ist dann ausdrücklich erwünscht! Diese kann äußerst preiswert in hohen Auflagen gedruckt oder kopiert werden. Ab 500 Stück lohnt sich eine Kopie meist nicht mehr. Wie weit Sie eine einmal professionell erstellte Grundkonzeption selbst am Computer bearbeiten können, liegt ganz an Ihrem Talent. Manche Wirte haben eine journalistische Ader oder schreiben einfach gerne. Gäste liefern auch oft Beiträge. Sie entscheiden selbst, welches Niveau Ihre „Zeitung" erreichen soll.

Die Speisekarte als Zeitung muss wirklich eine Zeitung sein, mit Neuigkeiten, Berichten, Geschichten und Tipps. Eine normale Speisekarte, nur mit Essen und Trinken, aber wie eine Zeitung aufgemacht, erfüllt diese Kriterien nicht.

Diese Auswahl reicht, um damit weit über 90 Prozent der Wirtewünsche und Unternehmensziele abzudecken, wie

- ▶ Gäste binden,
- ▶ mehr Umsatz pro Gast anstreben,
- ▶ neue Gäste gewinnen bzw. das Einzugsgebiet vergrößern,
- ▶ Kapazitätsausweitung,
- ▶ Saisonverlängerung mit den Stammgästen aus dem bisherigen Einzugsgebiet,
- ▶ verschiedene Restaurantkonzepte der Tageszeit angepasst durchzuziehen,
- ▶ sofort auf Veränderungen des Markts reagieren zu können.

Exklusive Buchkarte

Die Karte in exklusiver Buchform eignet sich durch das betont konstante Konzept zur Gästebindung. Der Gast weiß genau, was ihn erwartet. Im Businessbereich kann der Gastgeber keine Überraschungen gebrauchen. Die Zuverlässigkeit eines Betriebs wird mit dieser klassischen Karte unterstrichen.

WICHTIG	**Diese Karte sollte aber trotzdem verkaufen. Verwenden Sie dafür schnörkellose, einfache Grafiken, edle Bilder und aktuelle, klare Schriften.**

CHECKLISTE

- ◑ Unterstützt sorgfältiger Grafik- oder Bildeinsatz die Verkaufsförderung? Gestaltungselemente, wie freier Platz, lassen die Karte noch edler erscheinen. Hier gilt der Grundsatz: weniger ist mehr.
- ◑ Vermitteln dezente Hinweise über Zubereitungszeiten „Frische-Garantie" trotz hoher Standardisierung?
- ◑ Wird zur Äußerung individueller Wünsche ermuntert?
- ◑ Entlastet Mehrsprachigkeit die Servicemitarbeiter?
- ◑ Wird Eigenwerbung in Sachen Zusatzangebote und Aktionen durch langfristige Ankündigungen als Exklusivservice oder Insidervorteil verpackt?
- ◑ Ist die Tageskarte optimale Ergänzung oder Verwässerung des Standardangebotes?

Funktionale Einsteckkarte

Die Hüllenspeisekarte eignet sich durch ihre Flexibilität vor allem für Betriebe mit schwankender Auslastung oder mit verschiedenen Tageszeitkonzepten.

CHECKLISTE

- ◑ Ist oder wurde bei der Seitenzahl Platz für die Verkaufsförderung eingeplant?
- ◑ Wurde Haltbarkeits- und Nachlieferungsgarantie vom Lieferanten eingeholt?
- ◑ Wurden Vergleichsangebote mit variablen Stückzahlen eingeholt?
- ◑ Wurde schnelles Wechseln ganzer Kartensätze mit Musterhüllen ausprobiert?
- ◑ Wird etwas unternommen, um trotz „Einheitshülle" unterscheidbar zu bleiben?

Nicht an der falschen Stelle, bei den Seitenzahlen, sparen!

- Wird ein zum Betrieb passendes Papier verwendet?
- Achten Sie darauf, dass Motivpapiere oder Hintergrunddrucke Ihre Karte nicht unleserlich machen?
- Sind für die Servicemitarbeiter verschiedene Kartenmutationen wie Mittags- und Abendkarten auch äußerlich gut zu unterscheiden?
- Sind die Mitarbeiter mit den verschiedenen Varianten vertraut – gibt es Vorgaben, was wann möglich ist und was nicht?
- Wissen Ihre Mitarbeiter, warum Sie verschiedene Karten einsetzen?
- Sind die einzelnen Seiten verkaufsstark gestaltet?
- Sind die Karten als Textbausteine gespeichert und jederzeit veränderbar?
- Werden die Seiten sauber und gut lesbar ausgedruckt?
- Wenn Sie die Karten nicht selbst ausdrucken, kann es Ihre Druckerei oder bei kleinen Auflagen Ihr Kopierstudio ohne Umstände innerhalb von wenigen Tagen erledigen?

Bei verschiedenen Konzepten GASTORIENTIERT denken – was kann der Gast nachvollziehen und was nicht?

WICHTIG

Aufwendiges Schöndruckprodukt

Die Karte als Souvenir- oder Sammelobjekt soll neue Gäste bringen. Sorgen Sie daher dafür, dass sie weit verbreitet wird. Wie wäre es, diese Karte auch bei Ihrem Friseur auszulegen? Oder in der Karte einen Coupon zu befestigen, für den ein neuer Gast, wenn er diesen Coupon mitbringt, eine kleine Belohnung erhält?

- Ist die Karte so attraktiv, dass sie tatsächlich gekauft wird?
- Werden die Gäste diese Karte im Bekannten- oder Kollegenkreis „stolz" herzeigen?
- Spricht diese Karte am Aushang, vor Ihrem Lokal, oder im Bekanntenkreis Ihrer Gäste Neukunden an?
- Kann die Karte Ihr Restaurantkonzept unterstützen?
- Können Sie Ihr gesamtes Kaderpersonal, also auch den Service, in die Kartengestaltung mit einbeziehen? Vision: Der Kellner mit „seiner" Karte?

CHECKLISTE

- Nutzen Sie alle möglichen Synergien mit Kooperationspartnern, um die Einmaligkeit Ihres Angebotes herauszustellen?
- Haben Sie Waren, an die ein Mitbewerber nicht herankommt?
- Baut die Themenwahl in dieser Karte Neugierde bei Neukunden auf? Zum Beispiel durch so „nebensächliche Informationen" wie Geschichte, Kultur, Hobby, Wander- oder Freizeitvorschläge?
- Können Sie den Textumfang für eine Story über mehrere Saisonen festlegen? Gibt es ein „Drehbuch" dafür?
- Bekommen Sie dazu die passenden Bilder?
- Weckt der Folgenverlauf den Wunsch, die ganze Kartenserie zu besitzen? Ist die Karte dementsprechend durchnummeriert?
- Sind mehrere Kartenversionen sinnvoll? Eine vollständige am Tisch und eine abgespeckte zum Verschenken? Oder ist die vollständige auch ohne Verkauf finanzierbar?
- Wer kann den Druck mitfinanzieren?

Günstige Zeitungsvariante

Die Zeitungskarte eignet sich hervorragend zur Neugastgewinnung und zur „Erinnerung" bei den Stammgästen oder schon verlorenen früheren Gästen. Ist sie professionell gemacht, kann sie wie eine kostenlose Zeitung an alle Haushalte in einem bestimmten Gebiet zugestellt werden. Ich kenne einen Betrieb, der seine Karte auf diese Art alle 3 Monate verschickt – immer wenn er der Jahreszeit entsprechend seine Standardgerichte umstellt. Wann erfüllt die als Zeitung aufgemachte Speisekarte ihren Zweck? Wenn sie im Lokal als Animateur und Unterhalter und zu Hause als Herzeigeobjekt dient. Eine gute Zeitung wird immer von mehreren Lesern genutzt!

CHECKLISTE
- Haben Sie genug Druckereiangebote als Kalkulationsgrundlage? Bei der Zeitungskarte entscheiden Preis und Schnelligkeit vor Qualität!
- Haben Sie Gestaltungsangebote von Satzstudios, Textern oder PR-Agenturen?
- Nutzen Sie den wirkungsvollen Werbevorteil von „Zeitungsnachrichten", also Public Relations in eigener Sache?

- Wird jeder Ihrer Leser etwas für sich in Ihrer Zeitung finden?
- Haben Sie ständige Rubriken, die ein einheitliches und „ruhiges" Erscheinungsbild garantieren?
- Passt die Zeitung insgesamt zu Ihrer Corporate Identity?
- Folgt die Zeitungskarte einer langfristigen Themenplanung?
- Weckt die Zeitungskarte bei Ihren Wunschgästen genügend Neugier?
- Bindet die Zeitungskarte Stammgäste durch Insider-Infos?
- Erfüllt die Zeitungskarte genügend Zusatzfunktionen, wie Werbung für das eigene Hotel, für den eigenen Partyservice, für kommende Aktionen?
- Hilft sie beim Erreichen eines Unternehmensziels, wie zum Beispiel die Nummer 1 für Feiern in der Stadt zu sein?

Gibt es dazu passend auch Geschenktipps von Ihnen, wie Flaschen mit Glückwunschetiketten oder ausgefallen verpackte Geschenkgutscheine?

- Finden Sie Partner für Anzeigen in Ihrer Zeitung zum Abdecken der Druckkosten oder zum Erreichen gemeinsamer Ziele?
- Fördert jeder Beitrag in der Zeitungskarte den Verkauf?
- Ist die Karte übersichtlich und ausgewogen mit Infos, Bildern, Speisen und Getränken gestaltet? Zum Beispiel: Zeitung links, Speisekarte rechts? Oder mehrspaltig – Außenspalten Speisekarte, Innenspalten Texte?
- Kann die Titelseite oder der ganze Umschlag für sich allein wirksam für Handzettel- oder für Postwurfwerbung eingesetzt werden?
- Wird in der Karte ausdrücklich zur Mitnahme oder sogar zur Verteilung aufgefordert?

Wie Sie die Checklisten gelesen haben, ist Ihnen sicher auch durch den Kopf gegangen, was davon Sie selbst erledigen können. Ihre Aufgabe ist die Betriebsführung, oft auch das Kochen oder der Service, die Betreuung und der Ausschank. Sicher wird der eine oder andere auch kompetent mit dem PC umgehen. Aber kann er dann auch schon Gestalten und Texten?

Überlegen Sie deshalb genau, wie viel Zeit Sie für Ihre Karte investieren wollen, können oder müssen.

„Die paar Blätter" sind doch schnell gemacht – oder etwa nicht? Sollte es Ihr Hobby sein, will ich Ihnen das auch gar nicht wegnehmen. Ich gratuliere Ihnen dazu. Dann werden Sie sich sicher auch mit den wichtigsten Regeln für eine erfolgreiche und verkaufsstarke Gestaltung auseinander gesetzt haben und mit den vielen Tipps auch wirklich etwas anfangen können. Und Ihr PC macht auch das, was er soll? Für alle anderen mein Rat: Lassen Sie Ihre Karte einmal von einem Profi gestalten. Diese dann weiter zu betreuen, ist relativ einfach. Wichtig ist nur, dass der Profi ein Programm verwendet, mit dem Sie auch vertraut sind.

Tipps für mehr Umsatz

A

Aktion 2 für 1

Iss 2, zahl 1: Restaurantführer in garantierter Auflage mit Gutscheinen zur Neugastgewinnung. Nicht sinnvoll in Eigenregie ohne Führer!

B

Bestellservice

Entweder Vorbestellung des Essens, um mittags Zeit zu sparen, oder Essen zum Mitnehmen wird vorbereitet.

Bierkulinarium

Bier als Thema – Biergerichte und passendes Bier dazu.

Brotbüfett

Statt Amuse-Gueule die Möglichkeit, sich verschiedene Brote und leckere Aufstriche vom Büfett zu holen.

C

Couponing

Gasttreue wird belohnt. Sammeln von Stempeln – trink oder iss 11, zahl 10.

D

Dekoration als Marketinggag

Erinnerungswürdige Erlebnisse schaffen durch Themendeko. Jahresreigen immer ausgefallen dekorieren.

Dichterlesung

Es gibt kein Thema, über das nicht schon geschrieben wurde. In Kooperation mit einer Buchhandlung ergeben sich Synergien.

Dine Around –
wir wechseln das Lokal

Varianten: Mehrere Gänge im eigenen Haus an verschiedenen Orten serviert. Menügänge in verschiedenen Lokalen eingenommen. Ferienhotellerie: Halbpension in anderen Hotels möglich.

E

Erotisches Menü

Aphrodisierende Zutaten und Ambiente für Pärchen.

Essen und Lernen

Ein Trainer begleitet ein Abendessen. Gesprochen wird in der jeweiligen Landessprache.

Essen verkehrt

Viel frisches Gemüse und Sättigungszutaten – das Fleisch oder der Fisch ist die Beilage (maximal 100 g).

F

Feuerabend	Flambieren als Highlight – ein Tag in der Woche mit „brennenden Ideen".
Fingerfood	Die neue sinnliche Komponente des Essens.
Flaschenweine im glasweisen Ausschank	Eigentlich ein alter Hut – trotzdem immer noch zu wenig genutzt. Einfachste Verkaufsförderung mit der Speisekarte kombiniert.
Frauenabend am Mittwoch	Wohlfühlabend mit Frauenthemen oder Stammtisch.
Fun-Geschirr	Witziges, das den Gästen und den Mitarbeitern Spaß macht.

G

Geschenkgutscheine	Zu allen Anlässen! Wichtig: Die Verpackung (alles erlaubt außer einem 08/15-Kuvert)!
Gutscheinheft für Stammgäste	Ein liebevoll erarbeitetes Programm mit Vergünstigungen, Aufmerksamkeiten, Vorteilen für Stammgäste im eigenen Haus.
Gutscheinheft zur Neugastwerbung	Vorteilsheft in Kooperation mit Partnern aus anderen Branchen.

H

Happy Hour	Bestimmte Angebote zu einem festgelegten Zeitrahmen günstiger, oder z.B. von 17 bis 18 Uhr gibt es den Salat gratis dazu.

I

Improvisation	Aus einem ausgestellten Warenkorb wählt der Gast seine Zutaten, der Koch verarbeitet sie.

J

Jahresreigen	Saisonale Abwechslung, mit einem aussagekräftigen Motto unterstützt. Mindestens vier Aktionen im Jahr.

K

Kindergeburtstag	Nehmen Sie den Eltern alle Sorgen ab!
Kochen mit dem Mond	Die vier Elemente Wasser, Feuer, Erde und Luft beeinflussen die Verträglichkeit der Nahrungsmittel.
Kochseminare	Neue Gäste gewinnen oder Stammgäste begeistern, teilen Sie Ihre Küchengeheimnisse!
Kräuterkur	Mit Kräutern durchs Jahr. Kur gegen Frühjahrsmüdigkeit aus Gemüsesäften und mit nützlichen Kräutern ergänzt.
Küchenparty	Lassen Sie den Gast zu bestimmten Anlässen in Ihre Küche.
Kunst und Kulinarik	Die Kochkunst in Malerei, Bildhauerei und Literatur, anspruchsvoll kombiniert mit passenden Menüs.
Künstlerstammtisch	Künstler haben eine bestimmte Schicht aus der Bevölkerung um sich. Passt das zu Ihrem Angebot?

L

Leichte Küche	Bewusste Ernährung unterstützt die Vermeidung von Krankheiten.
Liebesmahl	Erotisches Menü, serviert an ungewöhnlichen Plätzen.
Lieferservice	Verlorenes Terrain wiederholen durch Zeitgewinn für die Gäste.

M

Menü des Monats	Saisonale Produkte auf den Punkt gebracht.

Merchandising	Verkaufen Sie alles, Ihre Dekoration, hausgemachten Spezialitäten, Souvenirs.
Mörderjagd	Ein mörderisches Menü, eine gute Story und ein Schauspieler.

N

Natürliche Ernährung	Nur natürliche Produkte aus der Region sind erlaubt.
Nudeln für Sportler	Kleine, pfiffige Nudelgerichte mit frischen Kräutern.

O

Offene Küche	Lassen Sie den Gast in die Küche sehen!
Opulentes Mahl im Liegen	Action – von den Römern abgeschaut. Gut möglich in einem Saal oder auch im Schwimmbad.

P

Picknick	Raus aus dem Lokal. Essen an ungewöhnlichen Orten.
Puppentheater	Event für Kinder und Erwachsene.

Q

Quark ist auch gesund	Ein Produkt für die leichte, natürliche Küche.

R

Regionale Speisekarte	Aus der Region, für die Region!
Rezept der Woche	Schreiben Sie Rezepte auf die Mitnahme-(wochen-)Karte.
Romantisches Dinner für 2	Romantische Deko für das klassische Candle-Light!

S

Salatbar	Kleines, überschaubares Segment für den eiligen Mittagsgast.
Schaufenster	Gestalten Sie ein „Schau-Fenster" vor Ihrem Haus.
Singletisch	Dazusetzen erwünscht – aber immer freiwillig.
Suppenbar	Geeignet für ein schnelles Konzept in guter Lauflage.

T

Take a way	Alles zum Mitnehmen. Was eignet sich besonders?
Tee das ganze Jahr	Wohlfühlgetränk mit guten Margen.
Tischkultur	Profilierung und Verkaufsförderung in einem.
Topfgucker	Der Gast bestellt aus dem Topf!

U

Unsichtbar	Essen im Dunkeln.

V

Vernissage	Kunst als kostenloses Event.

W

Weinkulinarium	Der Wein bestimmt das Menü. Zusammenarbeit mit einer guten Vinothek ist sinnvoll.

X

X für U	Lassen Sie sich kein X für ein U vormachen.

Z

Zaubern	Für Groß und Klein zu einem „zauberhaften Essen".

Zusatzstoffe auf der Speisekarte

Seit Anfang 1998 gilt die „Verordnung zur Neuordnung lebensmittelrechtlicher Vorschriften über Zusatzstoffe", überarbeitet 2002. Für den Gastwirt bedeutet diese Verordnung, dass er die Zusatzstoffe auf der Speisekarte angeben muss. Neben der Zusatzstoff-Zulassungsverordnung gelten weiterhin auch andere Vorschriften zur Kennzeichnungspflicht, zum Beispiel genaue Mengenangaben bei offen ausgeschenkten Getränken. Meistens kommt man über den Lieferanten an die benötigten Informationen heran. Bei verpackten Fertigprodukten helfen die Etiketten weiter. Nehmen Sie diese Kennzeichnungspflicht ernst. Durch die rapide Zunahme von Allergikern ist sie auch zu Ihrem eigenen Schutz sinnvoll. Dadurch liegt die Aufnahme und Verantwortung beim Gast selbst. Wie weit Sie diese Kennzeichnungspflicht für sich auch im Marketing einsetzen, müssen Sie selbst entscheiden.

Je weniger Produkte mit Zusatzstoffen Sie verwenden, umso mehr können Sie darüber schreiben!

Weitere Informationen finden Sie auf www.zusatzstoffe-online.de – bitte beachten Sie auch laufende Gesetzesnovellierungen.

Zahl	Bedeutung
1	mit Farbstoff(en)
2	mit Konservierungsstoff(en)
3	mit Antioxidationsmittel
4	mit Geschmacksverstärker(n)
5	mit Schwefeldioxid
6	mit Schwärzungsmittel
7	mit Phosphat
8	mit Milcheiweiß
9	koffeinhaltig
10	chininhaltig
11	mit Süßungsmittel
12	enthält eine Phenylalaninquelle (ist bei dem Süßungsmittel Aspartam anzugeben)
13	gewachst (wenn Oberflächen von frischen Früchten derart behandelt wurden)
14	Taurin
15	mit Nitritpökelsalz

Die Zusatzstoff-Zulassungsverordnung enthält auch eine Einschränkung, welche die technische Umsetzung jedoch nicht unbedingt vereinfacht. Nach dieser Verordnung sind Zusatzstoffe nämlich nur dann anzugeben, wenn sie eine so genannte technologische Wirkung entfalten. Wenn zum Beispiel Fleischsalat selbst hergestellt wird und auf eine große Schüssel eine oder zwei Essiggurken klein geschnitten beigefügt werden, so enthält die Essiggurke den eigentlich anzugebenden Zusatzstoff = „Konservierungsstoff". Dieser Konservierungsstoff entfaltet jedoch auf eine große Schüssel Fleischsalat keine technologisch konservierende Wirkung mehr. Der Konservierungsstoff wäre demnach auf der Speisekarte nicht auszuweisen. Ab welcher Menge von Essiggurken der Konservierungsstoff eine technologische Wirkung entfaltet, kann hingegen nur in einem lebensmittelchemischen Labor festgestellt werden.

WICHTIG

Gastwirte, die auf der sicheren Seite sein wollen, geben alle Zusatzstoffe an, auch wenn es zu vermuten ist, dass diese keine technologische Wirkung entfalten.

Eine Speisekarte darf durch ihre Angaben den Verbraucher nicht irreführen.

Nun eine kleine Aufzählung als Beispiel, wenn Sie wirklich alles hinschreiben, was drin ist:

Coca-Cola	1, 9
Cola light	1, 3, 8, 9
Spezi	1, 2, 9
Fanta	1, 2, 5
Mirinda	1, 2, 3, 5
Tonic Water	10
Sprite	2
Ginger Ale	1
Tasse Kaffee	9

Der Gesetzgeber hat nicht vorgeschrieben, wie groß die Schrift sein muss:

▶ Cola light 1, 3, 8, 9

▶ Cola light 1, 3, 8, 9

▶ Cola light [1, 3, 8, 9]

▶ Cola light [1, 3, 8, 9]

Meine Meinung: So klein und unauffällig als möglich. 4 Ziffern bei einem Artikel beunruhigen mich gleich, obwohl sicher nichts Schlimmes dabei ist. Und ich denke, so geht es anderen auch.

Wie genau der Gastwirt bei bestimmten Prädikaten aufpassen muss, sieht man am Begriff Bio. Im Handel lange Zeit überstrapaziert, ist er jetzt genau geregelt. Ob hier nicht wieder das Kind mit dem Bade ausgeschüttet wird, wird sich zeigen.

Mit Bio-Produkten kann jeder kochen. **Auf die Herkunft der Zutaten für die Gerichte aus ökologischem Anbau kann jedoch nur hingewiesen werden, wenn die Küche auf Grundlage der EG-Öko-Verordnung zertifiziert wird. Infos unter www.bio-siegel.de**

Bei der Zertifizierung wird jährlich von einer staatlich anerkannten Kontrollstelle geprüft, ob bei der Zubereitung der Bio-Gerichte alles aus Öko-Anbau stammt, auch im Routinebetrieb konventionelle und ökologisch erzeugte Zutaten getrennt griffbereit sind und ob mengenmäßig der Bio-Zukauf der Anzahl der Bio-Essen entspricht.

Für den Einstieg in die Bio-Küche kann es daher sinnvoll sein, im ersten Schritt noch nicht auf die Öko-Herkunft einzelner Speisen oder Beilagen hinzuweisen und erst später in das Kontrollverfahren einzusteigen, wenn der Umsatzanteil entsprechend groß und zukunftssicher ist.

So weit das Originalzitat aus „Bio zu Tisch".

Für den interessierten Gastronomen stellt sich nun eine existenzielle Frage:

Wenn er mit dem Begriff ohne Zertifizierung nicht werben darf, wie kann er die notwendigen höheren Preise im Markt durchsetzen? Wie kann er den notwendigen und kostendeckenden Umsatzanteil errreichen?

Teil 3
BETRIEBSWIRTSCHAFT UND KALKULATION

Wirtschaften nach Gefühl – ein Praxisbeispiel

„Sind das Ermitteln von Zahlen, das betriebswirtschaftliche Handeln und die Kalkulationen für ein Restaurant, einen Gastronomiebetrieb denn überhaupt nötig?", hören wir häufig. „Das macht doch der Steuerberater für mich, und dieser bekommt auch reichlich Geld dafür." Dazu eine kleine Geschichte aus dem richtigen Leben, dem Leben eines Gastronomen, der scheinbar nach dem Motto lebte, Pi mal Daumen, das Leben und Sterben in der Gastronomie. Ein Betrieb, der von einer Familie seit etwa 5 Jahren geführt wird und wo seit 5 Jahren nichts übrig bleibt. Schlimmer noch, seit 5 Jahren entstehen 4 bis 5 Prozent Verlust. Die einzigen betriebswirtschaftlichen Hilfsmittel waren die monatlichen Auswertungen des Steuerberaters und die Gutachten eines Verbands. Diese besagten dann auch, es wäre besser, den Laden zu schließen. Dabei waren die Grundvoraussetzungen scheinbar gut. Das Gastronomenpaar hatte vorher einige Jahre im elterlichen Betrieb gearbeitet und gelernt, wie es in einem Gastronomiebetrieb abläuft. Hier noch einmal der Hinweis, im Betrieb der Eltern, der seit etwa 30 Jahren nach dem gleichen Schema geführt wurde: Zahlen brauchen wir nicht.

Nun kam es so, wie es kommen musste: Die Bank wollte keinen Kredit mehr zur Verfügung stellen. Also musste die Familie alles Geld zusammenkratzen und dabei auch einige angeschaffte Werte veräußern, um den Betrieb aufrechtzuerhalten, die Löhne zu bezahlen, die Lieferanten zu bedienen usw. „Wenn wir uns und unsere Denkweise damals nicht geändert hätten, würde es unseren Betrieb nicht mehr geben", sagt heute dieser Gastronom. Was ist passiert, was wurde vom Gastronomen gemacht und verändert? Als Erstes hat er festgestellt, dass er alleine, mit eigener Leistung und seinem Wissen, seinen Betrieb nicht aus der Talsohle lenken kann. Er ist in der Lage, den Betrieb handwerklich zu führen, aber Betriebswirtschaft, Zahlen und Unterstützung braucht er von außen. Er hat festgestellt, dass er investieren muss in Wissen, in Informationen, in praktische Unterstützung, in Handeln – in anderes Handeln als bisher: In betriebswirtschaftliches Zahlenhandeln. Er handelte vielseitig, er investierte in seine Weiterbildung und in die seiner Mitarbeiter (besser verkaufen). Er besuchte Seminare, verbrachte seine Zeit auch damit, über moderne Gastronomiekonzepte zu lesen, und er investierte in eine unterstützende Beratung im eigenen Betrieb. Er investierte auch Zeit in das „unangenehme Erfassen" von Zahlen, jeden Tag, der Zeitaufwand waren 5 bis 10 Minuten. Je nachdem, ob der Computer noch an war oder noch hochgefahren werden musste. Er sammelte Informationen wie die Anzahl der Gäste, wie viele Gäste zu welcher Uhrzeit kommen, den Umsatz an Getränken, den Umsatz an Speisen, Umsatz pro Mitarbeiter im Service, Anzahl der Arbeitsstunden im Service, Anzahl der Arbeitsstunden in der Küche und noch ein paar weitere. Diese Zahlen lieferten ihm anschließend sehr hilfreiche Informationen, um Entscheidungen zu treffen. Er hatte schnell und einfach sein eigenes tägliches betriebswirtschaftliches System aufgebaut. Mit diesem konnte er nun seinen Betrieb planen, steuern und lenken, denn nichts anderes hat ein Controlling-System als Ziel. Wenn auch die Originalübersetzung von Controlling „to control" heißt, so ist dies nicht das Hauptziel. Er wusste täglich, ob der Tag ein Flop war oder top, ob er genügend Umsatz gemacht hatte, ob die Servicemitarbeiter ausreichend angeboten und auch verkauft hatten. Er teilte die Mitarbeiter durch die Abteilungsleiter kapazitätsorientiert ein. Für die Zukunft wusste er nun, am Freitag, Samstag und Sonntag verdienen wir uns dämlich, und von Montag bis Donnerstag verlieren wir unser sauer verdientes Geld wieder. Er kam zu dem Entschluss, dass dies nicht sein darf und er das auch nicht hinnehmen will. Endlich, nach fast 5 Jahren, wusste er, was er machen musste, um sein sauer verdientes Geld nicht fahrlässig wieder zu verlieren. Die Bank des Gastronomen fragt mittlerweile: „Wie haben Sie das geschafft?" Auf den nächsten Seiten werden Sie Schritt für Schritt erfahren, wie das Ganze funktioniert.

Mit einem betriebswirtschaftlichen System lässt sich ein Betrieb planen, steuern und lenken

Niemand kann ein Geschäft aus dem Kopf heraus führen, es dem Glück oder Zufall überlassen. Dafür gibt es betriebswirtschaftliche Zahlen, Daten und Fakten.

WICHTIG

Falls Ihre BWA nicht nach SKR 70 gestaltet ist, fordern Sie Ihren Steuerberater unverzüglich auf, es zu ändern

Die Erlöse und Kosten strukturieren

Grundsätzlich ist es erst einmal wichtig, ein aussagekräftiges Zahlensystem für den Betrieb aufzubauen. Oft werden zu allgemeine Kontenrahmen verwendet. Es ist sinnvoll und aus betriebswirtschaftlicher Sicht zwingend erforderlich, den Kontenrahmen für das Gaststättengewerbe (SKR 70), zugrunde zu legen, damit eine interne Bewertung und ein externer Vergleich mit anderen Betrieben möglich ist, um auch Verbesserungspotenziale auszuschöpfen. Ziel des strukturierten Zahlensystems ist es, genaue Kennzahlen zu erhalten, um fundierte Entscheidungen frühzeitig treffen zu können.

Die betrieblichen Einnahmen

Hierunter fallen alle Einnahmen des Betriebs. Sie werden der jeweiligen Abteilung, die sie erwirtschaftet, zugeordnet. Eine genaue Zuordnung ist unbedingt erforderlich.
Alles andere verfälscht das Betriebsergebnis und deren Analyse. Gezielte Verbesserungen sind nur bei korrekter Verbuchung möglich.

Erlöse aus Speisen

Die Erlöse aus Speisen umfassen die Erträge aus allen verkauften Speisen. Jedem Küchenchef ist zu empfehlen darauf zu achten, dass alle Speisen, die er „ausgibt" und für die er Ware eingekauft hat, entsprechend auf sein Konto gebucht werden.

Erlöse aus Getränken

Die Erlöse aus Getränken enthalten die Erträge aus allen verkauften Getränken, die am Getränkebüfett ausgegeben werden.

Erlöse aus Nebenabteilungen

Dies sind alle Erlöse, die nicht den Speisen und Getränken zugeordnet werden können. In der Regel handelt es sich dabei um folgende Umsätze: Telefon, Telefax, Telex, Internet, Tabakwaren, Zeitschriften und so weiter. Sie können als Nebenumsätze geführt werden.

In Häusern mit mehreren Verkaufsstellen sollte pro Verkaufsstelle (Outlet) ein eigenes Profitcenter eingerichtet werden. Nur so ist es möglich, ein effektives Umsatz-, Produktivitäts- und Kostencontrolling zu führen.

Die betrieblichen Kosten

Betriebliche Kosten sind alle betriebsbedingten Kosten bis zum Bruttoergebnis. Es ist zu empfehlen, sie der Abteilung zuzuordnen, in der sie angefallen sind, um jeden Betriebsbereich auf seine Wirtschaftlichkeit überprüfen zu können. Nicht erfasst werden anlagebedingte Kosten, Zinsen, Hypotheken oder Abschreibungen. Diese werden nach dem Bruttobetriebsergebnis abgezogen.

Kosten unbedingt der Abteilung zuordnen, in der sie entstanden sind!

Personalkosten

Die Personalkosten inklusive der Lohnnebenkosten werden der Abteilung zugeordnet, in der sie entstanden sind. Alle Küchenmitarbeiter gehören somit in die Personalkosten der Abteilung Küche und alle Servicemitarbeiter in die Personalkosten der Abteilung Restaurant. Die Spülküche wird der Abteilung Küche zugeordnet. Alle abteilungsübergreifenden Funktionen (z.B. Technik, Direktion, Verkauf, Buchhaltung), die nicht direkt zugeordnet werden können, oder wenn deren Umverteilung mit einem übermäßig hohen Aufwand verbunden ist, werden unter den Verwaltungskosten erfasst. Die Personalkosten setzen sich zusammen aus den Bruttolöhnen und allen weiteren personalbezogenen Kosten, wie den gesetzlichen und tariflichen sozialen Aufwendungen, Aufwendungen für die Altersversorgung, Berufsgenossenschaft sowie freiwillige Aufwendungen, wie etwa Prämien, Fahrtkosten, Jubiläumsgelder usw. Auch Fremdpersonalkosten von Verleihfirmen werden der jeweiligen Abteilung zugeordnet.
Eine andere Variante verfälscht das Abteilungsergebnis und macht einen Betriebsvergleich zunichte.

Da die Personalkosten zu den höchsten Kosten in der Gastronomie gehören, ist ein regelmäßiges tägliches Controlling zwingend erforderlich.

Warenkosten im F&B-Bereich

Die Warenkosten entstehen in der Küche und im Restaurant. Sie sind getrennt zu erfassen und auszuwerten.

Es werden alle Waren erfasst, die verkauft werden. Der Eigenverbrauch sowie die Mitarbeiterverpflegung werden bei der Inventur bereinigt, um ein exaktes Ergebnis zwischen Einkauf und Verkauf zu erhalten.

Da bei Food&Beverage mit unterschiedlichen Wareneinsätzen gearbeitet wird, ist diese Trennung erforderlich, weil sonst die Soll-Ist-Differenz nicht ermittelt werden kann.

Der Einsatz von Kalkulationsprogrammen ist bei der Ermittlung von Verkaufspreisen sehr effektiv, zeitsparend und sichert einen entsprechenden Gewinn. Trotzdem kann bei bestimmten Verkaufspreisen die Marktsituation berücksichtigt werden. Eine rein kostenorientierte Preispolitik ist das Ergebnis eines Kalkulationsprogramms.

Mit der ABC-Analyse bei den Getränken und der Speisendiagnose bei den Küchenprodukten ergibt sich die Möglichkeit, auf den Markt zu reagieren und den Deckungsbeitrag zu erhöhen. Beides ist nur mit vorhandenen Kalkulationen möglich.

WICHTIG

Da die Warenkosten zu den zweithöchsten Kosten in der Gastronomie gehören, ist eine Kalkulation der Verkaufspreise notwendig. Von der allseits beliebten Kalkulation „Pi mal Daumen" ist abzuraten.

Die direkten Kosten

Zu den direkten Kosten gehören alle Kosten für Fremdwäscherei und Reinigung, Provisionen und Gebühren, für Musik, Unterhaltung und Dekoration, Ersatz von Wäsche, Glas und Porzellan, für Druckerzeugnisse und Gästeartikel usw., sofern diese direkt der betreffenden Abteilung zugeordnet werden können.

Verwaltungskosten

Bei den Verwaltungskosten werden Kosten für Personal, Büromaterial, Porti, Telefon und Telefax, Kraftfahrzeuge, betrieblich bedingte Versicherungen, Reisen, Kreditkartenkommissionen, Beratungs- und andere Dienstleistungen wie zum Beispiel Steuerberater erfasst, die nicht direkt einer Abteilung zugeschrieben werden können.

Reparatur- und Instandhaltungskosten

Unter Reparatur- und Instandhaltungskosten werden die Kosten für Schönheitsreparaturen, kleinere Renovierungsarbeiten und für die Wartung an Geräten und Maschinen erfasst.

Wenn es einen eigenen Haustechniker gibt, fallen die Personalkosten ebenfalls diesem Konto zu. Hierunter gehören nicht die Gebäudereparaturkosten (Sache des Verpächters) an Dach und Fach, an Maschinen und die Großanlagen wie Klima und Heizung sowie periodisch zu erneuernde Möblierungen. Diese fallen unter die Abschreibungen und Gewinnrückstellungen und sind nach dem Bruttobetriebsergebnis – oder auch Betriebsergebnis 1 genannt – zu berücksichtigen.

Auch die Personalkosten des Haustechnikers sind Reparatur- und Instandhaltungskosten!

Die Marketingkosten

Unter Marketingkosten werden alle Kosten für Werbeaktivitäten zusammengefasst, wie zum Beispiel Anzeigen, Werbedrucksachen, Mailings, Öffentlichkeitsarbeit, Präsentationen auf Messen und Ausstellungen, aber auch Gästeeinladungen, Kooperationsbeiträge, Personalkosten des Verkaufsmitarbeiters usw.

Die Energiekosten

Zu den Energiekosten zählen Kosten für Strom, Gas, Heizöl oder andere Brennstoffe, Wasser, Abwasser und Müllentsorgung. In modernen Bauten werden durch spezielle Zähler die Energiekosten direkt der betreffenden Abteilung zugeordnet.

Das Bruttoergebnis oder Betriebsergebnis 1

Um das Bruttoergebnis oder das Betriebsergebnis 1 zu ermitteln, werden von den Erlösen alle direkten Kosten abgezogen.

Das Nettoergebnis oder Betriebsergebnis 2

Werden die anlagebedingten Kosten wie Pacht, Miete, Hypotheken, Abschreibungen, Leasing usw. vom Bruttoergebnis (Betriebsergebnis 1) abgezogen, erhält man das Nettobetriebsergebnis oder Betriebsergebnis 2, auch Gewinn vor Steuern oder Arbeitgeberlohn genannt.

Eine monatliche Betriebsauswertung nach dem SKR 70 mit detaillierten Kennzahlen ist für jeden gastronomischen Betrieb lebenswichtig.

Aufbau SKR 70

+ **Betriebsumsatz**
  Speisenumsatz Küche
  Getränkeumsatz Restaurant
  Nebenumsätze
− **Personalkosten Gesamt**
  Personalkosten Küche
  Personalkosten Restaurant
− **Warenkosten Gesamt**
  Wareneinsatz Speisen
  Wareneinsatz Getränke
− **Verwaltungskosten**
  (Sach- und Personalkosten)
− **Marketing- und Werbungskosten**
  (Sach- und Personalkosten)
− **Instandhaltungs- und Reparaturkosten**
  (Sach- und Personalkosten)
− **Energiekosten**
  (Sachkosten)
= **Betriebsergebnis 1**
− **Pacht, Abschreibungen, Leasing, Hypotheken usw.**
= **Betriebsergebnis 2**
  Gewinn vor Steuern

Weitere Informationen, die Sie für Kennzahlen brauchen

Das Sammeln von betriebswirtschaftlichen Zahlen ist für jeden Betrieb wichtig, egal wie klein er ist

▶ Anzahl der Gäste: Mittags und abends
▶ Anzahl der Mitarbeiterstunden im Restaurant
▶ Anzahl der Mitarbeiterstunden in der Küche
▶ Anzahl der Mitarbeiter, die angestellt sind
▶ Anzahl der Teilzeitmitarbeiter
▶ Anzahl der verfügbaren Sitzplätze
▶ Anzahl der belegten Sitzplätze pro Schicht
▶ Umsatz pro Öffnungsstunde
  (18.00 Uhr bis 19.00 Uhr usw.)

Kennzahlen eines gastronomischen Betriebs

Scheinbar wird in der Gastronomie noch „zu viel" Geld verdient, angesichts des niedrigen Einsatzes von Kennzahlensystemen im Management. Lieber wird in den Tag hinein gearbeitet, und viele Gastronomen lassen sich von Gewinnen und Verlusten überraschen. Die gängige Variante ist, die Warenkosten und Personalkosten zu schätzen, statt diese zu berechnen.

Bei Schätzspielen ist festzustellen, dass die Abweichung zwischen geschätztem Ergebnis und Wirklichkeit bei 20 bis 100 Prozent (und mehr) liegt. Häufig wird argumentiert: „Was wir uns bei dem einen zu unseren Ungunsten verschätzen, holen wir woanders wieder rein." Da allerdings auch noch ein Gast vorhanden ist, geht diese Rechnung nicht auf.

Unglaublich, aber wahr, die beiden höchsten Kosten in der Gastronomie werden zum größten Teil geschätzt!

Kennzahlensysteme gehören zum unverzichtbaren Handwerkszeug eines jeden Betriebs, des F&B-Managers, Geschäftsführers, Direktors, Controllers, Küchenchefs, Restaurantleiters, Bankettleiters und auch jeden „mitdenkenden Mitarbeiters".

WICHTIG

Eine zweite interessante Variante ist: „Wir machen doch Nachfragepreise." Diese Argumentation ist nur dann in Ordnung, wenn anschließend eine Speisendiagnose oder eine ABC-Analyse bei den Getränken durchgeführt wird, um die Nachfrage auch messbar in Zahlen zu fassen. Alles andere ist ein Vabanquespiel. Diese beiden Managementhilfsmittel werden jedoch nur selten durchgeführt, wie die Praxis zeigt.

Dabei gibt es täglich nur fünf wesentliche operative Kennzahlen zu pflegen, um den Gewinn zu sichern. Diese Kennzahlen umfassen die Bereiche Umsatz, Kosten und die Produktivität. Nur ein Controllingsystem, das alle Bereiche abdeckt, hat einen Nutzen für den Betrieb. Wird einer der drei Bereiche nicht abgedeckt, sind die Zahlen nicht aussagekräftig genug und führen schlimmstenfalls zu Fehlentscheidungen. Dem Aufwand für den Aufbau eines solchen Systems steht ein viel höherer Nutzen gegenüber. Bereits bei Einführung von Kennzahlensystemen ist eine Verbesserung des Betriebsergebnisses festzustellen.

Einfacher kann das schwer verdiente Geld nicht wegfließen

99

Es reicht also scheinbar im ersten Schritt der Impuls „Zahlen werden erfasst" aus, um eine Verbesserung zu bewirken. Klar, man kann ja auch nur verbessern, was man messen kann, und wenn die Abteilungsleiter keine Zahlen bekommen, können diese nicht einmal feststellen, wie sie betriebswirtschaftlich stehen. Alle Gastronomen, die ihre Zahlen verstecken „müssen", sind somit arm dran, da diese nur besser werden können, wenn die Mitarbeiter beteiligt werden. Ohne Beteiligung, keine Bindung, ohne Bindung keine Verbesserung!

Wer am Gast den Preis und die Mengen schätzt, wird diesen über kurz oder lang verlieren

Die wichtigsten operativen Kennzahlen

Jede dieser Kennzahlen ist wichtig und für den betrieblichen Erfolg entscheidend.

Einen Betrieb mit Kennzahlen zu führen ist nicht nur modern und zeitgemäß, sondern einfach überlebenswichtig!

Allerdings darf keine Kennzahl isoliert betrachtet werden, da die Zahlen untereinander wechselwirkend sind.

Kennzahl: Umsatz pro Gast

Diese wichtigste Umsatzkennzahl setzt sich zusammen aus dem Gesamtumsatz Speisen und Getränke, geteilt durch die gesamten bewirteten Gäste pro Tag, Woche, Monat und Jahr. Das Ergebnis verrät uns, wie ausgabefreudig unsere Gäste und wie verkaufsstark unsere Servicemitarbeiter sind. Da der größte Gewinnzuwachs über die Verkaufsförderung erreicht werden kann, ist diese Kennzahl täglich zu pflegen. Jeder negativen Abweichung im Bereich Umsatz muss sofort mit geeigneten Maßnahmen gegengesteuert werden. Zu betrachten sind dabei die Anzahl der Verkaufskontakte, Belastungszustand der Servicemitarbeiter oder der Schulungsstand der Verkaufsmitarbeiter.

Nur die besten Servicemitarbeiter dürfen verkaufen, alle anderen dürfen nur Teller und Gläser schleppen!

Ein Gastronom darf sich keine schwachen Verkäufer leisten. Eine Provisionsbeteiligung für Servicemitarbeiter ist dringend notwendig. Regelmäßige Schulungen der Verkaufsmitarbeiter sind unverzichtbar, denn die Investition in Wissen lohnt sich für Unternehmen und Mitarbeiter.

Durch Schulung der Mitarbeiter sowie Provisionsbeteiligung lässt sich der Umsatz pro Gast meist erhöhen.

Bei der Beteiligung am Umsatz gewinnen alle, der Gast, das Unternehmen und der Mitarbeiter

Formel für den Umsatz pro Gast:

$$\text{Umsatz pro Gast} = \frac{\text{Umsatz Gesamt/Tag/Monat/Jahr}}{\text{Anzahl der Gäste/Tag/Monat/Jahr}}$$

$$\text{Umsatz pro Gast} = \frac{73\,438\ \text{€}}{3\,339}$$

Umsatz pro Gast = 21,99 €

Umsatz pro Mitarbeiterstunde

Diese sehr einfach zu ermittelnde Kennzahl ist die wesentlichste, um die Produktivität des Teams sowie den Mitarbeitereinsatz zu messen und zu steuern, ohne Gehälter preiszugeben.
Mit Hilfe dieser Kennzahl und einem festgelegten Soll-Umsatz pro Mitarbeiterstunde wird der wirtschaftlichen Einsatz von Mitarbeitern ermöglicht.

Ich benötige für die jeweilige Abteilung die Gesamtpersonalkosten inklusive aller Lohnnebenkosten

Beispiel Lohnkostenberechnung für einen Mitarbeiter:

Gehalt pro Monat	1 650,79 €
x 12,5 Monate	x 12,5
= Jahresgehalt	20 634,88 €
+ etwa 23% Sozialversicherung	4 746,02 €
= Jahresgehalt,inklusive Lohnnebenkosten	25 380,90 €
+ etwa 5% sonstige betriebliche Leistungen (Weihnachtsgeld, BGN, Verpflegung, Weiterbildung usw.)	1 269,04 €
= **Gesamtkosten Mitarbeiter**	**26 649,94 €**

Diese Berechnung muss mit eigenen betriebsinternen Zahlen für alle Mitarbeiter durchgeführt werden. Für die Berechnung der Kosten pro Mitarbeiterstunde werden die jährlichen produktiven Gesamtstunden aller Mitarbeiter benötigt.

Berechnung verfügbare Stunden
für einen Vollzeitmitarbeiter:

Verfügbare Tage/Jahr	365 Tage
– freie Wochentage	104 Tage
– Feiertage	11 Tage
– Urlaubstage	30 Tage
– Krankheitstage (Durchschnitt)	10 Tage
– Weiterbildungstage (Bildungsurlaub)	5 Tage
= verfügbare Arbeitstage/Jahr	205 Tage
x 8 Arbeitsstunden pro Tag	**1 640 Stunden**

Berechnung verfügbare Stunden
pro Auszubildender:

Verfügbare Tage/Jahr	365 Tage
– freie Wochentage	104 Tage
– Feiertage	11 Tage
– Urlaubstage	30 Tage
– Krankheitstage (Durchschnitt)	10 Tage
– Schultage (40 bis 60 Tage)	50 Tage
– Weiterbildungstage (Bildungsurlaub)	5 Tage
= verfügbare Arbeitstage/Jahr	155 Tage
x 8 Arbeitsstunden pro Tag	**1 240 Stunden**

Kosten pro Mitarbeiterstunde = KpMSt

$$KpMSt = \frac{\text{Gesamtkosten pro Mitarbeiter}}{\text{Gesamt verfügbare Arbeitsstunden}}$$

$$KpMSt = \frac{26\,649{,}94\ €}{1\,640\ \text{Stunden}}$$

KpMSt = 16,25 €

Somit kostet eine Vollzeitmitarbeiterstunde 16,25 €.

Bei 35 Prozent Personalkosten im F&B bedeutet dies:
Soll-Umsatz pro Mitarbeiterstunde = SUpM

$$\text{SUpM in } € = \frac{\text{Kosten pro Mitarbeiterstunde}}{\text{Personalkosten in Prozent}}$$

$$\text{SUpM in } € = \frac{16,25}{35\,\%}$$

SUpM in € = 46,43

Der notwendige Umsatz pro Mitarbeiterstunde – auf das Jahr hochgerechnet – beträgt in diesem Beispiel 46,43 €. Jede Abweichung nach unten bedeutet einen höheren Personalkosteneinsatz und somit weniger Gewinn. Ein sehr hoher Umsatz pro Mitarbeiterstunde kann gegebenenfalls eine Überbelastung und somit eine hohe Fluktuation und erhöhte Krankheitsquote zur Folge haben. Eine tägliche Überprüfung und sofortiges Reagieren auf den Personaleinsatz dient der Produktivitätssicherung. Unproduktive Zeiten müssen durch verbesserten Mitarbeitereinsatz und durch Verkaufsförderung wie Aktionen, Themenabende, gastronomische Highlights usw. verringert werden. Der Aufwand, die Kennzahl „Umsatz pro Mitarbeiterstunde" zu ermitteln, beträgt 5 bis 10 Minuten am Tag, ein Bruchteil dessen, was häufig durch unproduktiven Mitarbeitereinsatz verschwendet wird.

Der Mitarbeitereinsatz verursacht die höchsten Kosten und muss daher mit Zahlensystemen geplant werden. Zu viel sowie zu wenig Mitarbeiter wirken sich nachteilig auf den Gewinn aus.

WICHTIG

Verhältnis Speisen- und Getränkeumsatz

Das Verhältnis zwischen Speisen- und Getränkeumsatz gibt einerseits Auskunft darüber, was die Gäste zu den Speisen trinken; aber auch wie aufmerksam bzw. wie stark die Verkäufer im Zusatzverkauf sind. Im À-la-carte-Geschäft ist ein Verhältnis von 70 Prozent Speisen zu 30 Prozent Getränken als verkaufsschwach zu bezeichnen.

Möglich sind Zahlen bis zu 60 Prozent Speisen und 40 Prozent Getränken, im Einzelfall auch noch höher. Ein Getränkeanteil, der über 30 Prozent liegt, ist anzustreben, da der Wareneinsatz bei Getränken um etwa 10 Prozent niedriger ist als der bei Speisen.

Somit kann durch die Erhöhung des Getränkeanteils ein höherer Gesamtdeckungsbeitrag erwirtschaftet werden.

PRAXISBEISPIEL

Gesamtumsatz	590 000 €
Getränkeumsatz	240 000 €
Speisenumsatz	350 000 €

$$\text{Anteil Getränke in \%} = \frac{\text{Umsatz netto Getränke}}{\text{Umsatz Gesamt netto}} \times 100$$

$$\text{Anteil Getränke in \%} = \frac{240\,000\ €}{590\,000\ €} \times 100$$

Anteil Getränke in % = 40,7

$$\text{Anteil Speisen in \%} = \frac{350\,000\ €}{590\,000\ €} \times 100$$

Anteil Speisen in % = 59,3

Verhältnis Speisen zu Getränken: 59,3 % zu 40,7 %.

Personalkosten (in Prozent)

Die Personalkosten sind die höchsten Kosten in der Gastronomie. Umso unverständlicher ist der lässige Umgang mit diesen: Dienstpläne werden ohne irgendwelche Berechnungen oder Grundlagen erstellt. In der heutigen Zeit einen Dienstplan nur nach der Maßgabe zu erstellen, dass der Mitarbeiter 2 freie Tage hat und der Rest ist Dienst, gefährdet das Unternehmen.

Jeder Mitarbeiterstunde muss der entsprechend hohe erwartende Umsatz entgegenstehen. Nur dann dürfen Mitarbeiter eingeteilt und bezahlt werden. Die Abteilungsleiter sind für den kapazitätsorientierten Mitarbeitereinsatz verantwortlich, brauchen jedoch vom Unternehmer die nötigen Vorgaben. Ohne schriftliche Vorgaben läuft nichts! Diese Vorgabe ist die Kennzahl Umsatz pro Mitarbeiterstunde und kann von jedem Abteilungsleiter schnell und einfach nachvollzogen werden. Dienstpläne müssen mit Umsatz- und Kostenzahlen ergänzt werden. Damit ist eine Verbesserung der Personalkosten (PK) in Prozent ein Klacks.

$$PK\ K\ in\ \% = \frac{\text{Personalkosten Küche}}{\text{Umsatz Küche netto}} \times 100$$

$$PK\ R\ in\ \% = \frac{\text{Personalkosten Restaurant}}{\text{Umsatz Restaurant netto}} \times 100$$

$$PK\ F\&B\ in\ \% = \frac{\text{Küche und Restaurant}}{\text{Umsatz Gesamt netto}} \times 100$$

$$PK\ F\&B\ in\ \% = \frac{123\,400\ € + 88\,086\ €}{590\,000\ €} \times 100$$

PK F & B in % = 35,8

Warenkosten Getränke (in Prozent)

Im Durchschnitt ist der Wareneinsatz bei den Getränken um 10 Prozent besser als bei den Speisen. Er liegt bei 18 bis 22 Prozent. Auch hier verhindert das Schätzen der Verkaufspreise einen gesicherten Gewinn.

Die Nachkalkulation von Getränkekarten haben Schwankungen von 8 bis 43 Prozent Wareneinsatz ergeben. Also teilweise Umsatzkiller-Kalkulationen und mehr noch Unternehmenskiller-Kalkulationen. Eine Überprüfung der Kalkulation der Getränke und damit die Möglichkeit, den Soll-Wareneinsatzwert zu ermitteln, ist für jeden Gastronomen existenzsichernd.

Natürlich kann und soll trotz einer Kalkulation der Getränke immer noch ein marktorientierter Preis verwendet werden, zusätzlich können jedoch durch die Überprüfung

Die Prüfung der Kalkulation der Getränke ist für jeden Gastronom existenzsichernd

der Kalkulationen noch weitere Potenziale der Deckungs-
beitragserhöhung ausgeschöpft werden. Dazu ist es notwendig, regelmäßig die ABC-Analyse und die sich daraus
ergebenden Maßnahmen anzuwenden.

$$\text{WE in \%} = \frac{\text{Warenkosten Getränke}}{\text{Umsatz Getränke netto}} \times 100$$

$$\text{WE in \%} = \frac{41\,200\,\text{€}}{220\,000\,\text{€}} \times 100$$

WE in % = 18,7

Warenkosten Speisen (in Prozent)

Jede Küche kann den
Warenumsatz lenken

Da die Warenkosten in Prozent allein nicht aussagekräftig
sind und nur die Kennzahl Food-Index-Produktivität uns
eine genaue Information der Leistungsfähigkeit einer Küche gibt, gehen wir nicht näher auf diese Kennzahl ein.
Verabschieden wir den Gedanken, den Küchenchef oder
die Küchenmannschaft nur nach dieser Kennzahl zu beurteilen. Jede Küche hat die Möglichkeit, durch unterschied-
liches Einkaufsverhalten den Wareneinsatz zu lenken –
und sollte dies auch tun.

$$\text{WE in \%} = \frac{\text{Warenkosten Speisen}}{\text{Umsatz Speisen netto}} \times 100$$

$$\text{WE in \%} = \frac{101\,600\,\text{€}}{360\,000\,\text{€}} \times 100$$

WE in % = 28,2

Personal- und Warenkosten in Prozent
oder auch Food-Index-Produktivität genannt

Die Kennzahl Wareneinsatz oder Personalkosten in Prozent allein sind nur bedingt aussagekräftig. Da beide
Kosten interdependent, also voneinander abhängend
sind, ist die alleinige Betrachtung nicht aussagekräftig.

Mit den Mitarbeitern kann ich die Warenkosten steuern und mit dem Wareneinkauf die Personalkosten. Wenn ich also Ware einkaufe, die bereits zu einem Teil vorbereitet ist, somit schon Personalkosten enthält, ist diese dem ersten Vergleich nach teurer. Bei genauer Analyse benötige ich jedoch bei vorbereiteter Ware weniger eigene Personalkosten. Viele Produkte in der Küche sind auf Grund des Aufwands an Personalkosten kaum noch günstiger selbst zu produzieren. Aus diesem Grund ist die einzige aussagekräftige Zahl bezüglich Waren- und Personalkosten, wenn beide Zahlen zusammengefügt werden und als Grundlage dienen. Dazu kommt, dass die Personalkosten in den meisten gastronomischen Betrieben höher sind als die Warenkosten. Es ist somit auch betriebswirtschaftlich nicht in Ordnung, den Küchenchef nur anhand des Wareneinsatzes zu beurteilen. Wenn Beurteilung, dann unter Berücksichtung von Personal- und Warenkosten, denn darauf hat er Einfluss.

Waren- und Personalkosten zusammengefasst dienen als Grundlage

Food-Index-Produktivität = FIP

$$FIP = \frac{\text{Wareneinsatz} + \text{Personalkosten}}{\text{Umsatz netto}} \times 100$$

$$FIP = \frac{98\,000\,€ + 125\,000\,€}{360\,000\,€} \times 100$$

$$FIP = \frac{223\,000\,€}{360\,000\,€} \times 100$$

FIP = 61,9 %

Die wichtigsten Formeln

Folgende Formeln sind in einem gastronomischen Betrieb wichtig und vom Geschäftsführer, Inhaber oder Besitzer anzuwenden. Weshalb? Weil diese Formeln helfen, rechtzeitig auf Abweichungen reagieren zu können und dafür sorgen, den Gewinn zu erhöhen.

Deckungsbeitragsumsatzfaktor

Diese Formel ist die Grundlage, um den Break-Even zu errechnen, also den Punkt, der Auskunft gibt, bis zu welchem Umsatz Verlust und ab wann Gewinn erwirtschaftet wird.

Deckungsbeitragsumsatzfaktor = DBUF

$$DBUF = \frac{\text{Umsatz netto} - \text{Wareneinsatz}}{\text{Umsatz netto}}$$

$$DBUF = \frac{580\,000\,€ - 142\,800\,€}{580\,000\,€}$$

DBUF = 0,75

Break-Even-Umsatz

Das ist der Umsatz, der erreicht werden muss, um keinen Verlust – allerdings auch keinen Gewinn – zu erwirtschaften.

Alle Fix-Kosten werden benötigt

Dazu werden alle fixen Kosten, die im Betrieb anfallen, benötigt. Fixe Kosten sind die Kosten, die entstehen, selbst wenn kein Gast ins Restaurant kommen würde, wie das Stammpersonal, die Pacht, Abschreibungen, Zinsen, Leasing, Betriebskosten, Steuerberater usw.

Break-Even-Umsatz = BEU

$$BEU = \frac{\text{Fixe Kosten}}{DBUF}$$

$$BEU = \frac{405\,244\,€}{0,75}$$

BEU = 540\,325,33 €

Break-Even-Gäste

Wenn ich meinen Break-Even-Umsatz weiß, kann ich nun ermitteln, wie viele Gäste ich mindestens benötige.

Break-Even-Gäste = BEG

$$BEG = \frac{\text{Fixe Kosten}}{\text{DBUF}} : \text{Umsatz pro Gast}$$

$$BEG = \frac{405\,244\ \text{€}}{0{,}75} : 19\ \text{€}$$

BEG = 28 438,18 Gäste

Dieser Betrieb benötigt mindestens 28 439 Gäste mit einem Umsatz von 19 €, um überleben zu können.

Break-Even-Gewinn

Die wichtigste Formel ist natürlich die Gewinnformel. Wie viel Umsatz muss erwirtschaftet werden, damit auch Gewinn übrig bleibt.

Die wichtigste Formel ist die Gewinnformel

Break-Even-Gewinn = BEGW

$$BEGW = \frac{\text{Fixe Kosten} + \text{Gewinn}}{\text{DBUF}}$$

$$BEGW = \frac{405\,244\ \text{€} + 50\,000\ \text{€}}{0{,}75}$$

BEGW = 606 992 €

Der Betrieb muss einen Umsatz von 606 992 € erwirtschaften, damit 50 000 € Gewinn übrig bleiben.

Zur Sicherheit hier die Überprüfung:

Umsatz	606 992 €
– 25 % Wareneinsatz	151 748 €
– Fixe Kosten	405 244 €
= Gewinn	**50 000 €**

Bei einem Umsatz pro Gast von 19 € benötige ich also wie viele Gäste?

$$\text{Anzahl Gäste} = \frac{\text{BEGW}}{\text{Gastumsatz}}$$

$$\text{Anzahl Gäste} = \frac{606\,992\ €}{19\ €}$$

Anzahl Gäste = 31 947

Die konsequente Anwendung des Dreisatzes würde eine Umsatzexplosion bewirken

Diese wenigen Formeln sind für ein Unternehmen sehr wichtig und sollten regelmäßig angewendet werden. Nur so ist es möglich, den Gewinn und den Erfolg des Unternehmens nicht dem Zufall zu überlassen.

Gemeinkostenzuschlag für die Kalkulation

Die Formel für den Gemeinkostenzuschlag errechnet sich aus den Materialkosten und den Gemeinkosten. Unter den Gemeinkosten versteht man alle anfallenden Kosten, die nicht nach dem Verursacherprinzip einzelnen Speisen und Getränken zugeordnet werden, sondern linear als durchschnittlicher Wert auf alle Verkaufsartikel gleichmäßig verteilt werden. Die Gemeinkosten sind Kosten wie Energie, Pacht, Instandhaltung und Reparatur, Marketing/Werbung, Verwaltung, AfA, Leasinggebühren usw. Um den GKZ in % = Gemeinkostenzuschlagssatz zu erhalten, teile ich die Gemeinkosten durch die Materialkosten bzw. Warenkosten.

$$\text{GKZ in \%} = \frac{\text{Gemeinkosten}}{\text{Materialkosten}} \times 100$$

$$\text{GKZ in \%} = \frac{180\,000\ €}{120\,000\ €} = 1,5 \times 100$$

GKZ in % = 150

Der Gemeinkostenzuschlag von 1,5 bzw. 150 Prozent bedeutet, dass pro Wareneinsatz von 1 € zusätzlich 1,50 € Gemeinkosten anfallen und zu decken sind, somit ergibt sich ein Selbstkostenpreis von 2,50 €. Wie der Name Selbstkosten schon sagt, haben wir daran noch keinen Cent verdient.

Der Gemeinkostenzuschlag muss jedes Jahr neu berechnet werden, da sich die Gemeinkosten und Materialkosten verändern.

WICHTIG

Die Nutzung eines gleichen GKZ über mehrere Jahre birgt die Gefahr, dass die Gemeinkosten nicht ausreichend gedeckt werden und somit weniger Unternehmerlohn übrig bleibt. Die zweite Gefahr besteht dann, wenn der Warenverbrauch auf Grund von weniger verkauften Produkten sinkt, wie es durch den Umsatzrückgang in unserer Branche in den letzten Jahren der Fall war. Dann ist ein Anpassen des GKZ zwingend erforderlich. Grundlage für die Berechnung des neuen GKZ sollte immer das Budget mit allen berechneten und prognostizierten Preiserhöhungen bei den Gemeinkosten sein. Sobald sich im Laufe eines Jahres gravierende Veränderungen ergeben, muss der GKZ neu berechnet werden.

Kalkulation von Speisen

Eine genaue Kalkulation und Berechnung des Verkaufspreises ist zwingend erforderlich: Wird nicht vernünftig kalkuliert, ist einer immer der Verlierer, der Gast oder das Unternehmen. Nur wenn der Verkaufspreis berechnet und nicht geschätzt wird, gibt es zwei Gewinner, und nur diese Variante ist von Erfolg gekrönt. Hierzu einige Fragen zum Thema Kalkulation in Ihrem Betrieb, beantworten Sie diese zusammen mit Ihren Mitarbeitern aus der Abteilung Küche und Restaurant.

Nur Gewinn (für den Gast) plus Gewinn (für den Unternehmer) plus Gewinn (für den Mitarbeiter) plus Systeme haben Erfolg.

WICHTIG

Kontrollfragen	Ja	Nein	Maßnahme
Geben Sie für die Zubereitung aller Gerichte, die auf der Speisekarte stehen, Rezepturen vor?			
Kontrollieren Sie stichprobenartig die Einhaltung der Rezepturen?			
Überprüfen Sie regelmäßig (wöchentlich, monatlich) die Einkaufspreise der Waren?			
Reagieren Sie bei gravierenden Änderungen der Warenkosten mit veränderten Preisen auf der Speisekarte?			
Rechnen Sie die Verluste, die durch Putzen, Kochen und Braten entstehen, in die Preiskalkulation der Speisen ein?			
Rechnen Sie Lagerkosten (z. B. Lagerzinsen, Schwund, Verderb) in die Kalkulation der Preise ein?			
Spiegelt sich ein besonders hoher Arbeits-/Zeitaufwand eines Gerichts auch in dem Preis des Gerichts wider?			
Führen Sie eine monatliche Speisekartenstatistik?			
Nehmen Sie Speisen, deren Preise die Herstellungskosten nicht decken, von der Speisekarte?			
Führen Sie vor der Entscheidung, welche Produkte Sie einkaufen, eine Vergleichsrechnung zwischen Make or Buy durch?			

Wenn Sie den größten Teil der Fragen mit Nein (50 Prozent) beantwortet haben, ist es erforderlich, über die Art und Weise der Preiskalkulation nachzudenken. Sie verschenken Geld.

Immer noch werden zum größten Teil die Preise für Speisen und Getränke gefühlsmäßig festgelegt. Sehr wenige Betriebe verwenden eine Kalkulation als Basis für die Preisfestsetzung. Es liegt unter anderem daran, dass zur Grundlage der Kalkulation eine Rezeptur nötig ist. Lieber werden die Preise aus dem Gefühl heraus bestimmt, ehe Rezepturen, Taschenrechner und Dreisatz genutzt werden. Es gibt sogar Betriebe, die ein teures Warenwirtschaftssystem haben und es einzig und allein dazu nutzen, dass der F&B-Manager Lieferscheine eintippt. Das Kalkulationsmodul wird in den seltensten Fällen verwendet. Regelmäßig lassen wir in unseren Küchenseminaren die Teilnehmer ein Produkt in Bezug auf Menge und Preis schätzen. Die Ergebnisse sind aus unternehmerischer Sicht erschreckend. Die Teilnehmer verschätzen sich im Durchschnitt um 10 bis 100 Prozent. Stellen Sie sich vor, Sie würden Ihren zu erwartenden Gewinn genau so schätzen. Ob Gewinn oder Verlust am Monatsende in der Kasse ist, entscheiden wir aus dem Gefühl heraus. Dabei brauchen wir diesmal wirklich unseren Kopf, die linke Gehirnhälfte zur Entscheidung. Die Anzahl der Insolvenzen in der Gastronomie scheint eine einfache Erklärung zu haben. Klar kann es sein, dass wir uns auch nach oben verschätzen und der Gast für eine Leistung einen zu hohen Preis zahlt. Dies schlägt sich dann im Ausbleiben der Gäste nieder. Wer zahlt schon gerne zu viel für ein Produkt?

Gehen wir davon aus, dass ein Küchenchef oder F&B-Manager mit großer Erfahrung auch das Schätzen gut beherrscht und er nur um 5 bis 10 Prozent daneben liegt. Dies würde bei einem Wareneinsatz im Jahr von 100 000 € immerhin 5 000 € bis 10 000 € weniger Deckungsbeitrag ausmachen. Aus diesem Grund ist es erforderlich, die Preise genau zu kalkulieren, jedoch nicht nach den alten Methoden, die vor fast 50 Jahren entstanden sind.

Schauen wir uns die Entwicklung der Warenkosten und Mitarbeiterkosten der letzten 50 Jahre an. 1953 waren die Warenkosten im Verhältnis höher als die Personalkosten. Zu dieser Zeit war es korrekt, die Warenkosten als

Jedes Schätzen von Verkaufspreisen führt zu Umsatzverlusten

Seit 1978 sind die Personalkosten höher als die Warenkosten

113

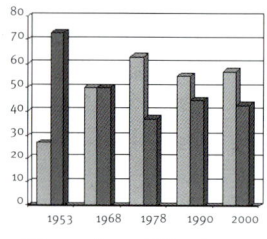

Personalkosten   Warenkosten

Grundlage für eine Kalkulation zu verwenden. Ende der 80er-Jahre hat sich durch die Höhe der Mitarbeiterkosten und der Lohnnebenkosten eine Umkehrung vollzogen. Die Personalkosten sind seitdem höher als die Warenkosten. Das bedeutet, jede Kalkulation seit Ende der 80er-Jahre, die einzig und allein auf dem Wareneinsatz beruht, ist als unternehmerisch bedenklich zu bezeichnen. Aber auch noch heute werden in vielen Berufsschulen, Hotelfachschulen und bei Weiterbildungsmaßnahmen veraltete Kalkulationsmethoden gelehrt. Es gilt: Nur eine Kalkulation, die Warenkosten und Personalkosten berücksichtigt ist zeitgemäß! Die Zahl derer, die in der Hotellerie und Gastronomie überhaupt eine Kalkulation der Speisen durchführen, ist verschwindend gering. Undenkbar im GV- und Cateringbereich, hier würde niemals ein Verkaufspreis ohne vorherige Kalkulation entstehen.

Keinerlei Analysen, Statistiken und Auswertungen, wie ABC-Analyse, Speisendiagnose, Ermittlung Renner, Gewinner, Verlierer und Schläfer, sind ohne Rezeptur/ Kalkulation möglich, also können auch keine betriebswirtschaftlichen Verbesserungsvorschläge greifen. Wir empfehlen jedem Unternehmer zwingend, sämtliche Verkaufsartikel zu kalkulieren.

Die Personalkosten müssen bei der Gestaltung der Verkaufspreise mit berücksichtigt werden

Die Kür ist es, entsprechend des Personalaufwands die Kalkulation durchzuführen. Hier gibt es verschiedene Methoden, die je nach Betriebstyp angepasst werden sollten. Ziel ist es, unterschiedliche Kalkulationsfaktoren zu finden und den Arbeitsaufwand dem jeweiligen Gericht, Büfett bzw. Themenabend zuzuordnen. Eine Einteilung könnte zum Beispiel sein: niedrig, mittel, hoch. In diesem Fall haben wir drei unterschiedliche Kalkulationsfaktoren. Mit diesem Kalkulationsschema ist es uns dann möglich, auch die Personalkosten zu berücksichtigen.

Schritte zur Verkaufspreisermittlung mit Arbeitskosten
Kategorien bilden:
Jeder Stufe werden zugleich Arbeitseinheiten zugeordnet, die die Gewichtung zwischen den einzelnen Kategorien ausdrücken.

Kategorien bilden	Arbeitsintensität	Arbeitseinheiten
Kategorie 1	Niedrig	1
Kategorie 2	Mittel	2
Kategorie 3	Hoch	3

Einstufung der Gerichte in Kategorien:
Im zweiten Schritt wird nun jedes Angebot der Karte, nach eigener fachmännischer Einschätzung, einzelnen Kategorieren zugeordnet.

Gericht	Kategorie		
	gering	mittel	hoch
Schnitzel, natur	✓		
Schweinerücken mit Pilzen		✓	
Schweinerücken, überbacken			✓
Würstchen vom Grill	✓		
Rinderroulade			✓
Rumpsteak	✓		
Salat fix und fertig	✓		
Salat mit frischer Sauce und Pute		✓	
Bauernsalat			✓
Frühstück	✓		
Lunchbüfett		✓	
Themenbüfett			✓

Ermittlung des Arbeitsaufwands:
Der nächste Schritt hat das Ziel, den Arbeitsaufwand zu quantifizieren.
Dazu werden die verkauften Gerichte jeder Kategorie mit den dafür definierten Arbeitseinheiten multipliziert und so die Summe der gesamt aufgewendeten Arbeitseinheiten errechnet.

Kategorien	Verkaufte Speisen	Arbeitseinheiten	Gesamt-Arbeitseinheiten
Kategorie 1	4 360	1	4 360
Kategorie 2	13 900	2	27 800
Kategorie 3	16 240	3	48 720
			80 880

Ermittlung der Arbeitskosten:
Im folgenden Schritt muss nun ermittelt werden, welche Kosten für die Arbeitsleistung entstehen.
Dazu werden die Lohn- und Lohnnebenkosten aller an der Erstellung des Speisenangebotes direkt beteiligten Personen herangezogen.

Ermittlung der Arbeitskosten	€
Küchenchef	36 000
Koch	28 000
Koch	22 000
Auszubildender	12 000
Auszubildender	10 000
Küchenhilfe	12 000
Gesamt	**120 000**

Arbeitskosten je Kategorie:
Aus diesen bisher ermittelten beiden Größen „gesamte Arbeitskosten" und „Gesamt-Arbeitseinheiten" errechnet man jetzt die anteiligen Kosten für die unterschiedlichen Kategorien.

Arbeitskosten je Einheit:

Pro Gericht
werden die
Arbeitskosten
ermittelt

$$\text{Kosten einer Einheit} = \frac{\text{Gesamte Arbeitskosten}}{\text{Gesamte Arbeitseinheiten}}$$

$$\text{Kosten einer Einheit} = \frac{120\,000\ €}{80\,880}$$

Kosten einer Einheit = 1,48 €

In Verbindung mit den festgelegten Kategorien lassen sich jetzt die anteiligen Arbeitskosten pro Gericht ermitteln:

Kategorie	Arbeitseinheiten	€ je AE	Arbeitskosten
1 = gering	1	1,48	1,48 €
2 = mittel	2	1,48	2,96 €
3 = hoch	3	1,48	4,44 €

Die verschiedenen ermittelten Arbeitskosten verwenden wir nun für unser Kalkulationsschema, um den Verkaufspreis festzulegen. Der Wareneinsatz wird mit Hilfe einer Rezeptur durch die Küchenmitarbeiter ermittelt.

Verkaufspreisermittlung für die Gerichte mit einem niedrigen Arbeitsaufwand:

Mit den ermittelten Arbeitskosten wird der Verkaufspreis festgelegt

Wareneinsatz in €	WE		2,50 €
+ Gemeinkostenzuschlag	GKZ	150%	3,75 €
= Selbstkosten	SBK		6,25 €
+ Personalkosten in €	PK €		1,48 €
= Selbstkosten inkl. PK	SBKPK		7,73 €
+ Gewinn in %	G	20%	1,55 €
= Nettoverkaufspreis	NVKP		9,28 €
+ Bedienungsgeld	BG	10%	0,93 €
= NVKP inkl. Bedienungsgeld			10,21 €
+ Mehrwertsteuer	MwSt.	16%	1,63 €
= Verkaufspreis brutto	BVKP		11,84 €
Kartenverkaufspreis	**KVKP**		**11,90 €**

Verkaufspreisermittlung für die Gerichte mit einem mittleren Arbeitsaufwand:

Wareneinsatz in €	WE		2,50 €
+ Gemeinkostenzuschlag	GKZ	150 %	3,75 €
= Selbstkosten	SBK		6,25 €
+ Personalkosten in €	PK €		2,96 €
= Selbstkosten inkl. PK	SBKPK		9,21 €
+ Gewinn in %	G	20 %	1,84 €
= Nettoverkaufspreis	NVKP		11,05 €
+ Bedienungsgeld	BG	10 %	1,11 €
= NVKP inkl. Bedienungsgeld			12,16 €
+ Mehrwertsteuer	MwSt.	16 %	1,95 €
= Verkaufspreis brutto	BVKP		14,11 €
Kartenverkaufspreis	**KVKP**		**14,20 €**

Verkaufspreisermittlung für die Gerichte mit einem hohen Arbeitsaufwand:

Wareneinsatz in €	WE		2,50 €
+ Gemeinkostenzuschlag	GKZ	150 %	3,75 €
= Selbstkosten	SBK		6,25 €
+ Personalkosten in €	PK €		4,44 €
= Selbstkosten inkl. PK	SBKPK		10,69 €
+ Gewinn in %	G	20 %	2,14 €
= Nettoverkaufspreis	NVKP		12,83 €
+ Bedienungsgeld	BG	10 %	1,28 €
= NVKP inkl. Bedienungsgeld			14,11 €
+ Mehrwertsteuer	MwSt.	16 %	2,26 €
= Verkaufspreis brutto	BVKP		16,37 €
Kartenverkaufspreis	**KVKP**		**16,40 €**

Was bringt am meisten Gewinn?

Ein Zahlensystem aufzubauen ist die eine Sache, doch was bringt meinem Betrieb am meisten Gewinn?
Das Hauptziel eines jeden Unternehmers ist, Gewinn zu erwirtschaften, denn nur wer das Ziel hat, Gewinn zu erwirtschaften, hat auch das Recht, sich Unternehmer zu nennen.

In der Gastronomie gibt es folgende sieben Gewinnfaktoren:

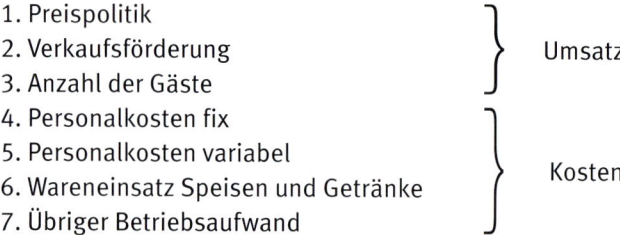

1. Preispolitik
2. Verkaufsförderung   } Umsatz
3. Anzahl der Gäste
4. Personalkosten fix
5. Personalkosten variabel   } Kosten
6. Wareneinsatz Speisen und Getränke
7. Übriger Betriebsaufwand

Nur wer handelt kann gewinnen!

Für jeden Unternehmer/Gastronomen ist es wichtig zu wissen, was am meisten Gewinn bringt. Nehmen Sie die Gewinn-„Einfluss"-Faktoren, und legen Sie fest oder schätzen Sie, was am meisten Gewinn bringt.
Die Umsatzfaktoren zu erhöhen, oder die Kostenfaktoren zu senken.

Ihre persönliche Reihenfolge:

1. _____

2. _____

3. _____

4. _____

5. _____

6. _____

7. _____

Bei den meisten Gastronomen kommt folgende Reihenfolge zustande, die sich auch rechnerisch ermitteln lässt. Dazu benötigen Sie einige Informationen, die für jeden Betrieb lebensnotwendig sind: Anzahl der Gäste, Umsatz pro Gast (im Durchschnitt), Wareneinsatz, Personalkosten fix, Personalkosten variabel und der übrige Betriebsaufwand.
Diese Informationen sind die Basis, um die Auswirkungen von Veränderungen zu ermitteln.

Geben Sie Ihren Tipp ab, was am meisten Gewinn bringt

Basisinformationen

Anzahl der Gäste	30 527
Umsatz pro Gast	19 €
Gesamtumsatz	580 013 €
– Wareneinsatz	180 000 €
– Mitarbeiterkosten fix	220 000 €
– Mitarbeiterkosten variabel	60 000 €
– Übriger Betriebsaufwand	80 000 €
= Gewinn	**40 013 €**

Möglichkeit 1:
Die Preise um 10 Prozent erhöhen

Um zu ermitteln, welche Veränderungen am effektivsten wirken, wird jeder Einflussfaktor um den gleichen Wert, zum Beispiel um 10 Prozent, verändert. Also 10 Prozent höhere Preise. Bitte keine Einwände. Es ist nun einmal die einzige richtige Vorgehensweise, in der Theorie zu ermitteln, was rechnerisch am meisten bringt.

Anzahl der Gäste	30 527
Umsatz pro Gast	
(bei 10 % höheren Preisen)	**20,90 €**
Gesamtumsatz	**638 014,30 €**
– Wareneinsatz	180 000,00 €
– Mitarbeiterkosten fix	220 000,00 €
– Mitarbeiterkosten variabel	60 000,00 €
– Übriger Betriebsaufwand	80 000,00 €
= Gewinn	**98 014,30 €**
Veränderung des Gewinns um	**58 001,30 €**
Veränderung des Gewinns	**145 %**

Möglichkeit 2:
Die Verkaufsförderung um 10 Prozent erhöhen

Mehr Umsatz durch gezielte Verkaufsförderung

Im zweiten Schritt erhöhen wir nun die Verkaufsförderung um 10 Prozent, das heißt wir schaffen es, den Gästen insgesamt 10 Prozent mehr zu verkaufen. Bei einem durchschnittlichen Umsatz pro Kunde in Höhe von 19 € wird dieser rechnerisch um 1,90 € auf 20,90 € erhöht (für jeden guten Verkäufer ist dies unproblematisch und noch einfacher durchzusetzen, wenn er am Umsatz beteiligt ist). Zum Zusatzverkauf gehören der Aperitif, die Vorspeise, die große Flasche Wasser, ein zusätzliches Getränk, eine ganze Flasche Wein (zum Spezialpreis), der Salat zum bzw. vor dem Hauptgang, das Dessert, der Espresso, der Digistif, die Zigarre und die Tischreservierung für den nächsten Stammgastabend oder die nächste Aktion „Wild auf Wild". Dies sind 11 Vorschläge für einen Zusatzverkauf. Die möglichen Verkaufskontakte eines Servicemitarbeiters zum Gast liegen bei 14 bis 16, der Durchschnitt erreicht 3 bis 6. Es ist also ein Leichtes, mehr Umsatz zu erwirtschaften.

Anzahl der Gäste	30 527
Umsatz pro Gast	
(wenn 10 % mehr verkauft wird)	**20,90 €**
Gesamtumsatz	**638 014,30 €**
– **Wareneinsatz**	
(um 10% gestiegen)	**198 000,00 €**
– Mitarbeiterkosten fix	220 000,00 €
– Mitarbeiterkosten variabel	60 000,00 €
– Übriger Betriebsaufwand	80 000,00 €
= **Gewinn**	**80 014,30 €**
Veränderung des Gewinns um	**40 001,30 €**
Veränderung des Gewinns	**100 %**

Möglichkeit 3:
Die Anzahl der Gäste um 10 Prozent erhöhen

Nun wird der Parameter „Anzahl der Gäste" um 10 Prozent erhöht. Dies wird erreicht, wenn vorhandene Gäste zum wiederholten Besuch animiert werden und natürlich, indem neue Gäste gewonnen werden. Geeignete Maßnahmen dafür: Werbemaßnahmen wie Flyer-Aktionen in den Briefkästen des Umkreises, Freundschaftswerbung, Zeitungsanzeigen, Brief-Mailings, Gutscheinsysteme, E-Mails usw.

Gewinnsteigerung durch mehr Gäste

Anzahl der Gäste	
(um 10 % gestiegen)	**33 580**
Umsatz pro Gast	**19 €**
Gesamtumsatz	**638 020 €**
– **Wareneinsatz**	
(um 10 % gestiegen)	**198 000 €**
– Mitarbeiterkosten fix	220 000 €
– **Mitarbeiterkosten variabel**	
(um 10 % gestiegen)	**66 000 €**
– Übriger Betriebsaufwand	80 000 €
= **Gewinn**	**74 020 €**
Veränderung des Gewinns um	**34 007 €**
Veränderung des Gewinns	**85 %**

Das sind die Einflussfaktoren im Umsatzbereich, nun zu den Faktoren im Kostenbereich. Hier sind alle „alten Hasen" echt stark. Es wird rationalisiert, was das Zeug hält. Schauen wir mal, was das wirklich bringt.

Möglichkeit 4:
Die Mitarbeiterkosten um 10 Prozent senken

Der erste Kostenbereich sind die Personalkosten, da diese seit über 25 Jahren die höchsten in der Gastronomie sind. In unserem Fall die Personalkosten fix, also die monatlich anfallenden festen Kosten. Wobei natürlich jede Einteilung von Mitarbeitern generell variabel bleiben sollte. In der Variabilität liegt der Gewinn. Nur was bringt es wirklich? Wir werden sehen was passiert, wenn wir die Mitarbeiterkosten um 10 Prozent senken.

Anzahl der Gäste	30 527
Umsatz pro Gast	19 €
Gesamtumsatz	**580 013 €**
– Wareneinsatz	180 000 €
– Mitarbeiterkosten fix	
(10 % reduziert)	**198 000 €**
– Mitarbeiterkosten variabel	60 000 €
– Übriger Betriebsaufwand	80 000 €
= Gewinn	**62 013 €**
Veränderung des Gewinns um	**22 000 €**
Veränderung des Gewinns	**55 %**

WICHTIG | **Durch Rationalisierung der Prozessketten kann man mehr einsparen als mit jedem Warenwirtschaftsprogramm!**

Möglichkeit 5:
Den Wareneinsatz um 10 Prozent senken

Nun wird der Wareneinsatz, der zweithöchste Kostenfaktor, um 10 Prozent reduziert. Generell ist das Sparen am Gast natürlich für jeden Betrieb schädlich. Ein Schweizer Hoteldirektor soll einmal gesagt haben: „Wer die Butterrölleli abzählt, wird es nie zu etwas bringen." Trotzdem brauchen wir dieses theoretische Beispiel, um zu ermitteln, welche Aktivitäten am meisten bringen.

Anzahl der Gäste	30 527
Umsatz pro Gast	19 €
Gesamtumsatz	**580 013 €**
– **Wareneinsatz**	
(um 10 % reduziert)	162 000 €
– Mitarbeiterkosten fix	220 000 €
– Mitarbeiterkosten variabel	60 000 €
– Übriger Betriebsaufwand	80 000 €
= Gewinn	**58 013 €**
Veränderung des Gewinns um	**18 000 €**
Veränderung des Gewinns	**45 %**

Möglichkeit 6:
Die variablen Mitarbeiterkosten um 10 Prozent senken

Die variablen Mitarbeiterkosten, sprich die variablen Teamkosten, werden reduziert. Ein Teilzeitmitarbeiter, der immer 40 Stunden im Monat kommt, gehört nicht dazu. Wird er aber einmal 30 Stunden, einen Monat gar nicht und im nächsten Monat wieder 40 Stunden benötigt und eingeteilt und nur dann bezahlt, wird er zu den variablen Mitarbeiterkosten gerechnet. Wir verringern also unsere variablen Teamkosten um 10 Prozent.

Anzahl der Gäste	30 527
Umsatz pro Gast	19 €
Gesamtumsatz	**580 013 €**
– Wareneinsatz	180 000 €
– Mitarbeiterkosten fix	220 000 €
– **Mitarbeiterkosten**	
variabel (um 10 % reduziert)	**54 000 €**
– Übriger Betriebsaufwand	80 000 €
= Gewinn	**46 013 €**
Veränderung des Gewinns um	**6 000 €**
Veränderung des Gewinns	**15 %**

Möglichkeit 7:
Den übrigen Betriebsaufwand um 10 Prozent senken

Zum Schluss der übrige Betriebsaufwand: Die Verringerung um 10 Prozent bei Strom, Wasser, Müll und bei den sonstigen Betriebskosten.

Anzahl der Gäste	30 527
Umsatz pro Gast	19 €
Gesamtumsatz	**580 013 €**
– Wareneinsatz	180 000 €
– Mitarbeiterkosten fix	220 000 €
– Mitarbeiterkosten variabel	60 000 €
– Übriger Betriebsaufwand	
(um 10 % reduziert)	**72 000 €**
= Gewinn	**48 013 €**
Veränderung des Gewinns um	**8 000 €**
Veränderung des Gewinns	**20 %**

Betrachten wir, welche der vorgestellten Maßnahmen die höchsten Auswirkungen auf den Gewinn haben.
Auf Grund deren sind die Prioritäten und der Zeitaufwand zu bestimmen.

1. Preispolitik (145 % mehr Gewinn)
2. Verkaufsförderung (100 % mehr Gewinn)
3. Anzahl der Gäste (85 % mehr Gewinn)
4. Teamkosten fix (55 % mehr Gewinn)
5. Warenkosten (45 % mehr Gewinn)
6. Übriger Betriebsaufwand (20 % mehr Gewinn)
7. Teamkosten variabel (15 % mehr Gewinn)

Auf Grund der Erkenntnis, wie die höchsten Gewinnsteigerungen zu erreichen sind, hier Vorschläge für geeignete Maßnahmen:
▶ Die Verkaufsmitarbeiter im Zusatzverkauf qualifizieren
▶ Alle Maßnahmen zur Verkaufsförderung aktivieren
▶ Erhöhung der Verkaufskontakte
▶ Aktionen, Highlights und Kundenbindungsprogramme einführen
▶ Aufbau eines Marketing- und Werbekonzepts, um die Anzahl der Gäste zu erhöhen
▶ Produktiver Mitarbeitereinsatz nach Kennzahlen
▶ Verkaufspreise bei Getränken und Speisen überprüfen
▶ Einkaufspreise vergleichen und mit dem Lieferanten verhandeln
▶ Überprüfen des übrigen Betriebsaufwands und ggf. kostenlose Berater für Strom, Wasser und Müll beauftragen

Es lohnt sich mehr, 1 Tag über Geld nachzudenken, als 30 Tage dafür zu arbeiten!

Was Sie unbedingt beachten sollten:

▶ Aufbau der Zahlen nach dem SKR 70
▶ Aufbau eines Controllingsystems und das Planen, Steuern und Lenken nach Kennzahlen
▶ Den GKZ ermitteln und bei der kostenorientierten Preispolitik verwenden
▶ Fragen zur Preisfindung beantworten und bei allen Neinantworten Maßnahmen ergreifen
▶ Kalkulation der Speisen und Getränke
▶ Überprüfung der Verkaufspreise nach kostenorientierten Gesichtspunkten
▶ Mitarbeitereinsatz nach Produktivitätskennzahlen
▶ Mitarbeiter an den betriebswirtschaftlichen Zahlen beteiligen
▶ Die Gewinneinflussfaktoren ermitteln und danach die Prioritäten festlegen
▶ Mehr verkaufen durch proaktives Handeln

Dieser Ausflug in die betriebswirtschaftlichen Grundlagen hat sich nur mit den wichtigsten Themen befasst. Eine weitere Qualifizierung im Bereich der Kosten-/Ertragsrechung ist für jeden Gastronomen lebenswichtig. Die Investition in betriebswirtschaftliches Wissen lohnt sich immer.

Umfassendes betriebswirtschaftliches Wissen zahlt sich aus!

Teil 4
AKTIVER VERKAUF IM RESTAURANT

Was muss nun für den aktiven Verkauf vorbereitet werden? Wie kann er tatsächlich funktionieren?

Gastronomen beklagen sich, dass die Gäste einfach „viiiiel" sparsamer geworden sind gegenüber früher. Dass das so aber nicht stimmen kann, belegen Betriebe, die nachweisbar pro Gästebon nicht weniger umsetzen, sondern sogar eher mehr. Gäste beklagen sich, dass sie bei „mehr Service" auch mehr konsumieren wollten, aber sie hätten gar nicht die Gelegenheit dazu. Treffen hier zwei Welten aufeinander? Eines ist auf beiden Seiten unbestritten: Aktiver Verkauf wird automatisch mit gutem Service gleichgesetzt. Und die Gastronomie ist wohl die einzige Branche, auf die das in dieser Form zutrifft.

Die Konsumgewohn-
heiten der Gäste haben
sich verändert

Es werden wesentlich mehr Mahlzeiten außer Haus eingenommen. Trotzdem bekommt die klassische Gastronomie wenig von diesem Kuchen ab. Woran das liegt und die neuen Essenstrends sind in Teil 2/Restaurantmarketing ausführlich behandelt.

Ein ganz wichtiger Faktor ist die Zeit des Gastes. Daher wird aktiver Verkauf auch je nach Tageszeit verschiedene Servicesituationen berücksichtigen müssen.

Was Sie im schnellen
Mittagsgeschäft nicht in
45 Minuten unterbrin-
gen können, hat kaum
mehr eine Chance

Am Abend tritt der Faktor Zeit hinter dem besonderen Erlebnis zurück. Je nach Zielgruppe sind das Konsumverhalten und der Anspruch an den Service ganz unterschiedlich. Da in den meisten Betrieben heute die Zielgruppen nach Tageszeit und sogar Wochentagen differenzieren, müssen die Servicemitarbeiter auch die Motive und Wünsche der Gäste kennen. Es reicht also nicht mehr aus, nur grobe Servicestandards zu erstellen. Standardisiert, mit einem eindeutigen, unverwechselbaren Namen und Erscheinungsbild, müssen allerdings die Gerichte und Produkte sein. Nur so kann gute Beratung gewährleistet sein. Fragen wie „Welche Gerichte kann ich dem schnellen Mittagsgast, der gerne Leichtes essen möchte, empfehlen?" dürfen nicht ohne Antwort bleiben. Diese speziellen Gästewünsche müssen den Mitarbeitern auch bewusst sein. Und die passende Empfehlung dafür natürlich auch.

Servicesituationen, die
ohne Mehraufwand
einen guten Service
und aktiven Verkauf
ermöglichen

126

Was muss nun für den aktiven Verkauf vorbereitet werden? Wie kann er tatsächlich funktionieren?

Wann ärgere ich mich als Gast? Wenn mein Wunsch nach was Leichtem automatisch mit „die will sparen" gleichgesetzt wird und ich dementsprechend keinen guten Service mehr bekomme!

Damit der aktive Verkauf und die Gästeberatung überhaupt funktionieren, muss der Service gut vorbereitet sein. Die Ausrede „ich habe doch keine Zeit zum Verkaufen" gebrauchen meist Mitarbeiter, die sich sowieso schon schwer tun mit der ganz normalen Arbeit. Immer wieder beobachte ich, sogar in den besten Lokalen, dass der Service über jeden neu eintreffenden Gast regelrecht erschrickt. Die Frage ist zu stellen, ob hier Gastgeber aus Überzeugung am Werk sind. Eher wohl nicht. Ich nenne in diesem Teil die Servicemitarbeiter/innen der Einfachheit halber Gastgeber. Wir haben ja immer noch keinen „richtigen Namen" dafür gefunden. Sie schlicht als Verkäufer zu bezeichnen, ist mir doch zu einfach für diesen anspruchsvollen Beruf.

Welche Eigenschaften muss ein guter Gastgeber mitbringen? Wie wünschen sich Unternehmer den idealen Gastgeber? Wir haben einmal nachgefragt und erhielten unter anderem diese Aufstellung vom allgemeinen Anforderungsprofil an einen guten Gastgeber:

Bereiten Sie den Service auf den Verkauf vor!

- ▶ Er schenkt jedem Gast ein offenes und ehrliches Lächeln und zeigt Interesse für jeden Gast.
- ▶ Taktgefühl und gutes Benehmen sind selbstverständlich.
- ▶ Er verfügt über eine optimistische Grundeinstellung.
- ▶ Er ist im Umgang mit dem Gast diplomatisch.
- ▶ Er tritt dem Gast gleichwertig gegenüber – nicht darüber, aber auch nicht darunter. Er ist ein ebenbürtiger Partner für den Gast.
- ▶ Er kann sich in den Gast hineindenken und Wünsche erahnen, er besitzt die nötige Portion Empathie.
- ▶ Er beachtet die Körpersprache, im Besonderen beim Gast, aber auch bei sich.
- ▶ Er ist kommunikativ und aufgeschlossen.

- ▸ Er will verkaufen – aber nicht nur das Teuerste.
- ▸ Er stellt sich täglich Verkaufsziele und setzt sie auch um.
- ▸ Er kennt das eigene Angebot genau und kann beraten.
- ▸ Produktkenntnisse sind selbstverständlich.
- ▸ Er findet gute und verkaufsstarke Argumente für etwas Besonderes und hat die Fähigkeit, die Speisen so appetitlich zu beschreiben, dass der Gast Lust auf das Angebotene bekommt. Dafür trainiert er seine Ausdrucksweise und seinen Wortschatz.
- ▸ Bei unerfüllbaren Gästewünschen sucht er immer nach Alternativen im eigenen Angebot, statt einfach zu antworten: „Nein, das haben wir nicht."
- ▸ Er zeigt Initiative und bringt auch einmal selbst Ideen ein.
- ▸ Er übernimmt Verantwortung und steht auch zu seinen Fehlern.
- ▸ Er kann rasch und ruhig arbeiten und organisieren, schnell reagieren und ist geistig flexibel.
- ▸ Er ist ein guter Teamplayer und steht loyal zu den Kollegen und zum Betrieb.
- ▸ Er behandelt Inventar, Arbeits- und Verbrauchsmittel so, als müsste er es selbst bezahlen. Er fühlt sich auch für ein gutes Betriebsergebnis verantwortlich.

Sein Motto: Agieren statt reagieren!

- ▸ Ständige persönliche Weiterbildung ist ihm wichtig. Er hat eine gute Allgemeinbildung.
- ▸ Ein gepflegtes Äußeres ist Grundprinzip.

Nun ist die Frage zu stellen, ob es diesen Idealtypus des Gastgebers überhaupt gibt. Wenn Sie bei Ihrer Mitarbeiterauswahl diese Aufzählung als 100 Prozent annehmen, wo können Sie Abstriche machen? Wie viele Punkte muss Ihr Kandidat mindestens erreichen? Oder welche Anforderungen sind in Ihrem Betrieb besonders wichtig? Was kommt an speziellen Kenntnissen dazu, welche Fertigkeiten oder Verhaltensweisen müssen Sie voraussetzen? Ihre Zielgruppe bestimmt Ihr Konzept. Das Konzept wiederum erfordert einen bestimmten Mitarbeiter. Das geht so weit, dass für Betriebe mit Familienfreundlichkeit andere Gastgeber eingesetzt werden müssen als für die Generation 50 plus oder für Businessgäste.

Die Servicemaskottchen „Progast" und „Nogast" stellen zwei sehr unterschiedliche Gastgeber dar. Mit welchem wollen Sie einen guten Gastgeber vergleichen?
Der Progast tut immer den ersten Schritt – dem Gast entgegen. Erraten, was der Gast denkt, bevor er es sagt, das ist die ganz hohe Schule der Gastlichkeit. Der Progast schafft das spielend, weil er seinen Gast ständig beobachtet. Ihm kann es nicht passieren, einen Wunsch der Gäste zu übersehen. Er hat seinen Service im Griff, er weiß, was als Nächstes kommt – er ist der Akteur. Er bestimmt, was wann tatsächlich geschieht.

Er ist „selbstbestimmt"

Progast

Bei ihm kann es auch nicht passieren, dass die Vorbereitungen, die so wichtige Mise en place, nicht ausreichend und rechtzeitig bereitstehen. Bei Reservierungen von Stammgästen sind deren Vorlieben bekannt. Um ihre Wünsche rasch und perfekt erfüllen zu können, ist manches schon vorbereitet, selbst wenn sie dann andere Wünsche äußern sollten. Aber das stört den Progast nicht im Geringsten. Lieber etwas zu viel getan als einmal so richtig „weggeschwommen".

Es bleibt genug Zeit für den aktiven Verkauf, weil alle dazu benötigten Mosaiksteinchen perfekt vorbereitet sind.

WICHTIG

Der Progast braucht keinen, der ihn antreibt, er tut das selbst. Daraus schöpft er seine eigene Motivation. Und natürlich aus den Erfolgserlebnissen, die er sich schafft! Was ist nun mit dem „Nogast"? Er hat ein Problem, mit sich selbst und mit anderen, denn ihn treiben andere an. Die Gäste, die schlimmen Kollegen und dann auch noch der Chef. Er ist fremdbestimmt, er ist ein Reakteur. Er wartet so lange, bis er mit der Arbeit nicht mehr nachkommt. Dadurch, dass er seinen Service nicht gut vorbereitet, hat er auch keine Zeit zum Verkaufen.

Er ist „fremdbestimmt"

Nogast

Woran erkennt man schon beim Betreten eines Restaurants, ob hier gute Gastgeber anzutreffen sind? Wenn der Gastgeber auf den Gast zugeht, und sei es nur mit einem angedeuteten Schritt!

WICHTIG

Aktiver Verkauf, aber richtig!

Niemand kann aus dem Stegreif ein wirklich gutes Verkaufsgespräch führen. Und sei er noch so gut in Verkaufsrhetorik geschult. Das ist meine eigene Erfahrung in vielen Restaurants. Wenn der Gast nicht in das Bild des Gastgebers passt, fällt der Vorhang. Meine Frage nach leichter Küche, Mineralwasser ohne Kohlensäure, aber bitte zimmerwarm, und einem Glas Wein bringt bis jetzt (noch) fast alle Gastgeber in Verlegenheit.

Was ist nun die Herausforderung?

Nur ein paar Kleinigkeiten zum Umdenken

Die Frage nach leichter Küche hat etwas mit bewusster Ernährung zu tun, nicht mit Geiz. Es sind inzwischen immer mehr Gäste, die darauf achten, was sie ihrem Körper zumuten. Ungekühltes Wasser ohne Kohlensäure ist eine wichtige Zutat zu bewusster Ernährung. Man kann davon einfach mehr trinken. Direkt zum Essen schaffen Sie bis zu 1 Liter. Mit eiskaltem Wasser ist das nicht möglich. Menschen, die bewusst auf ihre Gesundheit achten, trinken über den Tag verteilt immerhin bis zu 2,5 Liter Flüssigkeit. Ein Glas Wein bedeutet 1/8 oder 0,1 Liter – mehr darf ein Autofahrer nicht trinken. Wenn ich zu verschiedenen Gängen den Wein wechseln möchte, dann trinke ich pro Gang auch nur diese kleine Menge. Trinken Sie zum Essen einen halben Liter Wein? In den meisten Betrieben heißt ein Glas Wein immer noch offener Wein zu 0,25 oder 0,2 Liter. Wenn ich nun bei Ihnen Gast wäre, würden Sie mir diese kleinen Wünsche selbstverständlich erfüllen (können)?

Ich gehöre zu einer recht interessanten Gästegruppe, von der es immer mehr gibt – der 50-plus-Generation. Meine Wünsche sind repräsentativ für die Altersschicht von 50 bis 60 Jahren.

> Viele Umsatzreserven werden durch das Ignorieren neuer Gästewünsche verschenkt!

Ihre Zielgruppe kann natürlich ganz woanders liegen. Egal welche, der aktive Verkauf muss immer auf die Hauptzielgruppe und deren Erwartungen und Wünsche ausgerichtet sein. Mittags muss deshalb auch anderes angeboten werden als abends.

Ganz wenige Betriebe kommen heute mit einem durchgehenden Tageskonzept aus! Die Gäste haben es mittags eilig, am Abend möchten sie in Ruhe genießen.

> **Statt über das verlorene Mittagsgeschäft zu jammern, kann man kreative Konzepte entwickeln und die Öffnungszeiten und das Angebot verändern.**

Erfolgreiche Einzelhändler setzen inzwischen ihre Mitarbeiter zu ihrer Zielgruppe passend ein. Das bedeutet, dass im Handel sehr genau beobachtet wird, welche Einkaufsgewohnheiten die Kunden haben, und man reagiert dann entsprechend darauf. Man versucht, dem Kunden beim Personal die gleiche Altersstruktur zu bieten, der er selbst angehört. Ein guter Nachdenktipp für die Gastronomie! Diesem Trend könnten Sie bei Ihrem Mitarbeitereinsatz folgen. Sie brauchen mittags andere Gastgeber als abends. Der Einsatz von entsprechenden Teilzeitkräften bietet sich dafür förmlich an. Wenn Ihre Hauptzielgruppe am Wochenende Familien mit Kindern sind, wer kann damit wohl am besten umgehen?

Ich gehe bei diesem System von der Erkenntnis aus der Lernpsychologie aus. Darin werden Menschen in ihrer Merk- und Aufnahmefähigkeit drei Grundtypen zugeordnet. Das heißt konkret, jeder Mensch hat für Impulse von außen einen bevorzugten Eingangskanal.

Visueller Typ: Lernt am besten durch Sehen und Beobachten, ist über visuelle Eindrücke erreichbar.

Auditiver Typ: Lernt durch Zuhören und Sprechen, ist auch über Musik und Geräusche ansprechbar.

Haptischer Typ: Lernt durch Fühlen und Anfassen, spielt gerne mit animierenden Stoffen oder Gegenständen.

Generell ist niemand ausschließlich einem Typ zuzuordnen. Deshalb müssen Sie auch für jeden Typ etwas vorbereiten. Auch heute noch lassen sich Gäste gerne verwöhnen und verführen, aber sie lassen sich nicht mehr überrumpeln. Emotionen spielen eine große Rolle dabei. Guter Service agiert deshalb aufmerksam, aber niemals aufdringlich!

Ihr aktiver Verkauf muss das Herz, vielmehr den Bauch des Gastes erreichen. Der Kopf gibt dann nur mehr die Erlaubnis zur tatsächlichen Bestellung. Der Service muss nur im richtigen Moment den Auftrag abholen. Die besten, unauffälligsten und wirkungsvollsten Momente habe ich Ihnen in der folgenden Liste zusammengefasst.

> Bei den 5 Bausteinen im aktiven Verkauf geht es um das Aktivieren aller Sinne beim Gast: Unauffällig Wünsche wecken!

> Ihre einzige Aufgabe im aktiven Verkauf: Wünsche wecken, die Sie auch erfüllen können. Im richtigen Moment den Auftrag abholen

Zur Erinnerung: Wir alle leben vom Umsatz ...

... und von den begeisterten Gästen, die wieder kommen.
Servicesituationen, die eine gute Beratung und den aktiven Verkauf verbinden.

Begrüßung
Überreichung der Karte
→ **Welche Schwerpunkte haben wir heute?**
Gerichte, die evtl. nicht auf der Karte stehen
Was ist unser Kernprodukt?
Vollwertgerichte
„Aktion Wendelstein"
Saisonale Höhepunkte

Aperitif
Nicht selbstverständlich,
daher klären: „Möchten Sie
VORNEWEG etwas trinken?"
→ **Produktpräsentation**
Erdbeerbowle, mit frischen Erdbeeren ausdekoriert
Knackiges Gemüse ... der Gast verführt sich selbst

Aufnehmen der Bestellung
Aktive Beratung und Verkauf
→ **Zusatzverkauf**
Suppe oder Salat, Vorspeise (zu zweit) ... zusätzliche
Beilagen oder Ergänzungen zu Vorspeisen und Salaten
passende, korrespondierende Weine glasweise
Mineralwasser zum Wein
Mineralwasser zimmerwarm oder kalt anbieten
Speisen in verschiedenen Größen, damit noch „Platz
für unsere tollen Desserts bleibt"

Nach dem Servieren
Nachfragen, ob alles O.K.
(zwischen 2 Bissen und
2 Minuten spätestens)
→ **Zusatzverkauf**
Weitere Getränkewünsche, eventuell noch ergänzende
Beilagen, noch Nachservice von Brot
(Zusatzservice, nicht Zusatzverkauf!)

Abservieren
→ **Am Tisch ordentlich und fachgerecht abservieren –**
Besteck richtig, Teller mit System. Dabei bleibt Zeit zum
Kommunizieren mit dem Gast!
Erzählen über tolle Desserts, Kaffeespezialitäten ...
Aber: Den Auftrag später holen!

Dessertkarte bringen
→ **Zuerst das Dessert verkaufen, dann Kaffee, dann Digestif**
Aber bitte in eigenen verkaufsstarken Worten –
Produktbeschreibung, damit der Gast Lust auf das Ange-
botene bekommt

Rechnung sofort nach Aufforderung bringen.
Freundliche Verabschiedung mit Infos über weitere Attraktionen
und herzlichen Dank für den Besuch!

Sie müssen Ihrer Zielgruppe entsprechend

▶ Verkaufsziele festlegen,
▶ ein schriftliches Angebot und Verkaufshilfen gestalten,
▶ eine Präsentation vorbereiten,
▶ das Verkaufsgespräch, die Empfehlung durchspielen,
▶ immer die Erfolgskontrolle durchführen und Rückmeldung an die Gastgeber geben.

Die Bausteine 1 und 5 brauchen Sie für das Team zur Motivation, die Bausteine 2, 3, und 4 „zur Verführung des Gastes". Wobei ich das nicht negativ aufgefasst haben möchte, sondern nur als Erklärung dafür, wie Sie ganz unauffällig Wünsche wecken können.

Baustein 1

Das Verkaufsziel des Tages muss sauber ausgearbeitet werden. Es reicht nicht aus zu sagen: „Heute verkaufen wir viele Aperitifs." Wird Ihr Restaurant überhaupt von Aperitiftrinkern frequentiert? Gehen Aperitifs mittags? Oder nur abends? Wenn Aperitif ein Thema ist, dann erst stellt sich die Frage, welcher Aperitif soll denn forciert werden? Die immer gleiche Auswahl „Sherry, Campari-Soda oder -Orange, Martini und Kir" ist sicher nicht sehr verkaufsfördernd. Also brauchen Sie etwas Kreatives. Die Getränkeindustrie bringt laufend neue Produkte auf den Markt. Nutzen Sie hier Synergien aus der Werbung.

Die folgende Anregung ist nur ein Beispiel für das System des Verkaufens nach den fünf Bausteinen. Lassen Sie Ihrer Phantasie freien Lauf!

Lassen Sie beim Verkauf Ihre Kreativität spielen!

PRAXISBEISPIEL

Heute dreht sich alles um die Erdbeere – vom Aperitif bis zum Dessert

Aperitif	„Sommernacht"
	Prosecco mit Zitronella und Erdbeermark
Dessert	Frisch gebackene Waffelblüten mit
	Erdbeerragout und Melissesabayonne

Das ist die erste Hausaufgabe: Ein klar definiertes und messbares Ziel finden. Vor allem ein gut und verkaufsstark beschreibbares. Also ein animierendes Produkt, das es in dieser Form und in der Anrichteweise nur bei Ihnen gibt.

Baustein 2

Tischaufsteller oder andere (be-)greifbare Verkaufshilfen sprechen den „haptischen Gäste-typ" an

Das schriftliche Angebot ist für den Seh- und Tastsinn des Gastes zuständig. Sorgen Sie dafür, dass er etwas (be-)greifen kann! Gestalten Sie irgendetwas, das der Gast wirklich in die Hand nehmen kann. Ein kreativer Gastronom klebt auf seine Speisekarte „Ohren". Das sind ganz einfache Aufkleber, die über die Blätter hinausragen. Ein andermal legt er die Tageskarte quer hinein. Dafür nimmt er dann 120-Gramm-Karton und schneidet diesen (nach dem Drucken bzw. Kopieren!) unten etwas schräg an. Das ergibt eine markante Spitze, die aus der Karte hervorschaut. Der Gast muss sie in die Hand nehmen, ob er will oder nicht.

Klappen Sie bei der eingelegten (nicht eingezogenen) Tageskarte die obere rechte Ecke um, und schreiben Sie eine Empfehlung darunter. Jeder Gast schaut, was unter der Ecke steht – die Wette gilt! Ist vom Aufwand her minimal, wirkt aber enorm. Die Tageskarte als Quadrat geschnitten (21 x 21 cm) und zum Dreieck gefaltet punktet auch.

Verwenden Sie zur Verkaufsförderung farbiges Papier, aber treiben Sie es nicht zu bunt!

Eine weitere gute Verkaufshilfe sind flippig gestaltete Tischaufsteller. Bitte keine fertigen, lieblosen Industrieaufsteller! Die hat Ihr Mitbewerber auch. Sobald der Gast spielt, haben Sie schon gewonnen!

Nur zum Schauen: Mobiles drehen sich und fallen auf, eine Tafel am Eingang, auf der Tageskarte gut herausgehoben. Texten Sie nur kurz in Schlagworten oder länger mit einem animierenden, beschreibenden Satz, und unterstützen Sie noch mit appetitanregenden Grafiken und Bildern.

Auch humorvolle Sätze oder Wörter wirken gut. Achten Sie unbedingt darauf, dass alle verwendeten Medien die gleiche Aussage haben.

Praxiserfahrung: Manchmal decken sich die Empfehlungen nicht, weil der Tischaufsteller nicht gewechselt oder die Präsentation nicht erneuert wird. Der Teufel schläft nie, also sorgen Sie dafür, dass ein Gastgeber immer dafür verantwortlich ist, dass hier eine Linie komplett durchgezogen wird!

Baustein 3

Die Präsentation noch einmal für das Auge, für den visuell ansprechbaren Gästetyp. Gestalten Sie ein nicht übersehbares Display an einem Schautisch, am Eingang oder an einem Durchgang, wo sicher jeder vorbeikommt.

Falls Sie auf Ihren Fensterbänken nichtssagende, überall anzutreffende Blumenstöcke „geparkt" haben, nutzen Sie diesen Platz besser für Präsentationen. Dieser Tipp ist vor allem für jene wichtig, die wirklich keinen Tisch entbehren können und die auch sonst nicht viel Platz übrig haben.

Mit der Präsentation muss ein klares Bild geschaffen werden – für den „visuellen Gästetyp", der über das Auge verführt werden kann.

WICHTIG

Bei der Präsentation muss ein klares Bild geschaffen werden, ohne Ablenkungen. Das heißt, nur die beteiligten Produkte werden verwendet – Prosecco, Zitronella, Erdbeeren, Zitronen, Waffeleisen, Mehl, Eier, frische Melisse und eine klare, verbindende Farbe. Diese kann durch einen Stoff oder ein passendes Papier erreicht werden. Erzählen Sie mit der Präsentation eine Geschichte!

Baustein 4
Die verkaufsstarke Formulierung im aktiven Verkauf, das Abholen des Auftrags. Der auditive Typ braucht eventuell noch einen überzeugenden Impuls – er muss hören.

Nun schlägt die Stunde des überzeugenden Verkäufers, seine Stimme und Worte setzen die Impulse für den „auditiven Gästetyp". Ich betone, er überzeugt, er überredet nicht!

WICHTIG

Animierende Formulierungen:
▶ jetzt schmecken die Erdbeeren so richtig nach Sommer,
▶ gerade zum richtigen Zeitpunkt,
▶ vollreif und geschmackvoll,
▶ erfrischend und prickelnd,
▶ erfrischend, mit wenig Alkohol,
▶ immer eine Sünde wert.
Bitte eigene Formulierungen überlegen, die zum Betrieb am besten passen.
Auch die verwendete Verkaufsprache gehört zur Corporate Identity des Hauses!

Entscheidend ist natürlich auch der richtige Zeitpunkt. Wann ist der Gast für welchen Impuls empfänglich?

Aperitif: Bei der Kartenübergabe. Ich erlebe immer wieder, dass mir die Karte mehr oder weniger stumm überreicht wird, dann bleibe ich mit der Karte eine Weile allein. Inzwischen hätte ich schon gerne einen Aperitif getrunken. Aber nach diesem wird erst bei der Bestellungsaufnahme gefragt. Da kann es vorkommen, dass ich bis zu einer Viertelstunde auf den Aperitif warte. Da ist mir die Lust darauf inzwischen vergangen. Warum klärt der Gastgeber in den wenigsten Fällen gleich am Anfang, ob ich vorneweg schon einen Wunsch habe? Manchmal habe ich nach einer langen Autofahrt auch nur einfach großen Durst und könnte gleich eine Flasche Mineralwasser vertragen. Die ist bis zur Bestellungsaufnahme dann schon leer.

Dessertverkauf: Beim Abservieren des Hauptgangs oder als aktiven Abschluss des Bestellvorgangs schon einen Hinweis auf den krönenden Genuss.

WICHTIG **Die Erfolgskontrolle und die Rückmeldung an das Team entscheidet letztlich darüber, ob Ihre Mitarbeiter mit Freude verkaufen. Die beste Verkaufsschulung nützt nichts, wenn Sie diese Hausaufgaben nicht machen!**

Baustein 5

Erfolgskontrolle, Auswertung, Motivation. Wenn das nicht regelmäßig gemacht wird, halten die besten Vorsätze nicht lange! „Ich habe mich so bemüht, aber das sieht (merkt) ja doch keiner." Sie können am Abend Ihren Starverkäufer küren. Als Belohnung können Sie ja je eines dieser Produkte verschenken. Hüten Sie sich aber davor, nicht so erfolgreiche Gastgeber zu rügen. Nicht jeder kann das gleich gut! Entwickeln Sie Ihre Gastgeber behutsam. Durch das Anwenden der fünf Bausteine wird der Verkauf relativ einfach.

Die Bausteine 1 und 5 werden sinnvollerweise im gesamten Team bearbeitet. Die Bausteine 2, 3 und 4 können nach Neigung und Talent vergeben werden. Ich bin immer wieder von der Kreativität mancher Gastgeber begeistert. Ein kleiner, interner Wettbewerb um den Wochen- oder Monatssieger spornt zusätzlich an.

Welches Verhalten unterstützt den Verkauf?

Wenn die Bausteine 1 bis 4 vorbereitet sind, kann es eigentlich nur mehr Erfolge geben.

Ein einziger Zusatzverkauf, der durch gezieltes Handeln eines Gastgebers erreicht wurde, ist schon ein Erfolg!

WICHTIG

Spielen Sie mit Ihrem Team einmal durch, wo Chancen zu Zusatzverkäufen liegen. Das geht am einfachsten, indem Sie verschiedene Gästerechnungen analysieren. Ermitteln Sie mit dem Gastgeber, dessen Guestcheck Sie gerade auswerten, ob er aus seiner Sicht alle Verkaufschancen genutzt hat. Suchen Sie bewusst bei jedem Gastgeber gute und schlechte Ergebnisse. Fangen Sie mit den besseren an. Die Mitarbeiter sollen selber dahinter kommen, wo sie noch Chancen verpassen. Wir haben bei gemeinsamen Analysen mit Gastgebern bis zu 30 Prozent an ausgelassenen Gelegenheiten entdeckt. Wenn davon nur ein Drittel zu zusätzlichen Verkäufen führt, sind das immer noch 10 Prozent des möglichen Umsatzes!

Arbeiten Sie dabei mit allen Verkaufshilfen. Mit Ihrer Speise- und Getränkekarte, mit Zusatzkarten wie einer Dessert-, Kaffee- oder Digestifkarte und mit Ihren Tischaufstellern. Erklären Sie auch, warum Sie wann mit welchem Medium arbeiten. Unterstützen Sie besonders dann, wenn Sie Ihr Kartensystem oder Ihr Angebot verändern.

Täglich Servicebesprechungen – oder bleibt dafür keine Zeit? Die Praxis zeigt immer wieder, dass man die Zeit, die man angeblich einspart, weil man die Besprechung sein lässt, durch das Aufarbeiten von Fehlern verliert, denn ohne eine kurze tägliche Information sind diese vorprogrammiert. Wie oft werden Anweisungen zwischen Tür und Angel gegeben, weil ein eingespieltes Team doch weiß, um was es geht. Eine kleine Abweichung von der Routine, ein spezieller Gästewunsch kann dann übersehen werden und die Tagesarbeit erschweren. Chefs, die dem Team die Zeit für eine Kurzbesprechung nicht geben, sind häufiger als sie zugeben mit „Feuerlöschen" beschäftigt. Sie erzählen dann gerne, dass man ja nicht einmal kurz weggehen kann! Die Servicebesprechung kann vom Chef oder einer Führungskraft durchgeführt werden. In manchen Betrieben

Kommunikation mit den Gastgebern gehört auch zu den täglichen Hausaufgaben eines Unternehmers!

erledigt das ein Teammitglied. Es darf aber keiner gezwungen werden, da die Sache als solche darunter leiden würde. Nicht jeder ist in der Lage dazu.

Die Serviceinformation muss systematisch ablaufen, ansonsten braucht sie mehr Zeit als nötig. Viele Chefs sagen, dass ihnen 5 Minuten völlig ausreichen.

Besser regelmäßig und kurz als sporadisch und langatmig!

Wann sollen die Besprechungen erfolgen?

► Täglich vor Servicebeginn. Kann auch zweimal nötig sein durch die Unterschiede zwischen Mittag- und Abendservice oder bei Zweischichtbetrieb.
► Regelmäßig und zu festgelegten Zeiten.

Was soll durch die Servicebesprechungen erreicht werden?

► Kommunikation mit den Mitarbeitern.
► Information über Tagesereignisse, Anforderungen.
► Motivation der Mitarbeiter, weil sie sich ernst genommen fühlen.

Was wird dabei besprochen?

► Veranstaltungen des Tages.
► Reservierungsliste, Gästewünsche.
► Tagesangebot mit allen wichtigen Infos, wie korrespondierende Getränke, mögliche Zusatzverkäufe.
► Verkaufsziele, Verkaufsargumente.
► Ereignisse und Ergebnisse des Vortages mit Kommentierung und Aufarbeitung von wichtigen Punkten daraus.

Wie sollen die Servicebesprechungen durchgeführt werden?

► In Ruhe, ohne Störungen von außen. Kann im Stehen im Office erfolgen, dadurch wird mehr Aufmerksamkeit erreicht als im Sitzen. Auf Stimmungen achten.
► Kurz (maximal 10 Minuten), bei neuen Produkten eventuell länger.
► Falls bei komplett neuen Produkten die Zeit nicht ausreicht, besser eine Kurzschulung organisieren als „zwischen Tür und Angel" halbe Informationen zu verteilen. Dieses empfiehlt sich auch vor dem Beginn von Aktionen. Bei den Servicebesprechungen werden dann nur noch alle täglichen Veränderungen angesprochen.
► Auch „Sonderaufträge" für Verhaltensänderungen werden bei den Besprechungen erledigt wie „Heute achten wir ganz besonders auf die Ordnung am Servicetisch".

Solche Sonderaufträge werden erst dann erneuert, wenn das erwünschte Verhalten von allen erfüllt wird. Die laufende Erfolgskontrolle und vor allem das Lob ist der Motor der Motivation!

Im Weichandhof in Obermenzing werden die Mahlzeiten gemeinsam eingenommen und dabei die anstehenden Informationen ausgetauscht.

Zusammenarbeit zwischen Service und Küche

Hier werden im Betriebsalltag häufig Störungen festgestellt. Es werden keine Mitarbeiter benannt, die die Informationen aus der Küche holen, und auch keine, die gefragt werden. Auch ist keine regelmäßige Zeit dafür vorgesehen. Für einen Koch ist es aber unzumutbar, wenn fünf Servicemitarbeiter hintereinander das Gleiche fragen!

Welche Regeln gibt es in Ihrem Betrieb?

- ▶ Wer gibt die Information, wer holt sie ab, wer gibt sie weiter?
- ▶ Eine gute Lösung ist, einen Koch zur Servicebesprechung dazuzuholen, um alle Informationen auszutauschen. Sehr wichtig sind auch die Verkaufsinformationen, was besonders forciert werden soll.

Wie ist die Informationskultur im Betrieb organisiert?

Rechtzeitige Rückmeldung aus der Küche, wenn ein Gericht ausgeht, gehört zur Kommunikation zwischen Küche und Service!
Gute Gastgeber wissen auch, welche Gerichte die Küche mehr fordern als andere. Oder welche Gerichte eine längere Zubereitungszeit brauchen als allgemein üblich. Wird auch darüber gesprochen?
Die Verkaufszahlen allein sind übrigens nicht die einzige Aussage über die Gästeakzeptanz eines Gerichts – Rückmeldungen der Gäste sind häufig noch ergiebiger! Werden diese Informationen mit der Küche ausgetauscht?

Die Servicebesprechung dient nicht zum Bearbeiten von dem Fehlverhalten eines Einzelnen. Das ist immer persönlichen Gesprächen vorbehalten!

WICHTIG

Generell sollen bei diesen Besprechungen auch keine Konflikte bearbeitet werden. Dazu reicht die Zeit nicht aus. Deshalb sollten Sie zusätzlich regelmäßige Meetings organisieren. Da gehören diese Angelegenheiten auf die Tagesordnung. Wenn es sich um Konflikte zwischen Einzelnen handelt, empfehle ich, diese auch nur mit den Beteiligten allein zu regeln.

Was behindert nun im Alltag den Verkauf?
- ▶ Den Gastgebern ist nicht bewusst, dass aktiver Verkauf automatisch guten Service bedeutet.
- ▶ Die Gastgeber kennen das Angebot zu wenig und verfügen nicht über das nötige Produktwissen.
- ▶ Die Gastgeber wissen nicht, womit Sie tatsächlich Ihr Geld verdienen, sie kennen Ihre „Gewinner" nicht.

WICHTIG **Schulen Sie Ihre Gastgeber regelmäßig, machen Sie immer wieder bewusst, was guten Service ausmacht. Nur steter Tropfen höhlt den Stein!**

Ihre täglichen Kurzbesprechungen sind die beste Schulung. Achten Sie aber auch darauf, wann Sie noch ein wenig mehr tun müssen. Betriebe mit mehreren Auszubildenden oder mit vielen Teilzeitkräften haben meist einen höheren Schulungsbedarf als Lokale mit wenigen und festen Mitarbeitern.

WICHTIG **Viele Betriebe schulen ihre Gastgeber nicht, denn „Aushilfen" braucht man nicht schulen – welch ein Irrtum! Teilzeitkräfte müssen genauso kompetent sein als alle anderen. Der Gast kennt den Status Ihres Gastgebers nicht und zahlt vor allem immer gleiche Preise!**

Manchmal wundere ich mich, wie wenig Produktkenntnisse tatsächlich in den Köpfen der Gastgeber vorhanden sind. Oder sind sie nur nicht in der Lage, vorhandenes Wissen abzurufen? Durch die Strategie, den Verkauf jeden Tag gezielt vorzubereiten, haben die Gastgeber schon einen guten Rahmen für ihre Empfehlung. Dabei sind sie auf jeden Fall kompetent und sicher. Nur Sicherheit führt zum Erfolg!

Deshalb müssen die Gastgeber die komplette Angebots-palette des Hauses kennen. Insgesamt sind das in den wenigsten Betrieben mehr als einige hundert Positionen. Im Vergleich zum Handel also eine lächerliche Zahl. Ich kenne inzwischen alle Ausreden für „Nichtwissen" in den Unternehmen. Für mich gibt es keine wirklich akzeptab-len. Fachwissen und Produktkenntnisse sind für mich eine „Bringschuld" des Mitarbeiters, nicht eine Bringschuld des Betriebs. Bei Auszubildenden sieht das anders aus. Da ist der Unternehmer natürlich in der Pflicht.

Eine häufige Ausrede ist immer wieder: „Ich habe keine Zeit, mir das nötige Wissen anzueignen." Das würde in keiner anderen Branche von den Chefs akzeptiert wer-den! Da dieses Phänomen aber nun einmal als Tatsache in beinahe allen Gastro-Betrieben besteht, braucht es eine einfache Lösung.

Verfallen Sie nicht dem Irrglauben, nur in einfachen oder kleineren Betrieben wäre ein Mangel an Produktwissen anzutreffen.

Ich habe lange gebraucht, bis ich ein System des gehirn-gerechten Lernens für die Gastronomie entwickelt habe. Gehirngerecht bedeutet, dass ich immer über mehrere Kanäle mein Wissen erweitern und bei Bedarf auch abru-fen kann. Dadurch ergibt sich das „Lernen ohne Pauken". Das Einfache daran ist, ich brauche es tatsächlich nur ein-mal bearbeiten, und ich kann es für immer. Damit kann viel Zeit eingespart werden.

Das funktioniert so: Jeder Gastgeber legt sich in einem Ordner seine persönliche Produktcheckliste systematisch an, am besten dem Aufbau der Speise- und Getränkekar-ten folgend. Zuerst die neuen Produkte oder aber nach Warengruppen sortiert. Es ist möglich, nach 4 Wochen über 200 Artikel bearbeitet zu haben, inklusive verkaufs-starker Argumente.

Trick des Lernens ohne Pauken: Das schon vorhandene Wissen auswendig in die Liste eintragen. Vorerst nicht mogeln dabei! Dann erst durch Austausch mit Kollegen (auditiv) oder durch das Nachschauen auf der Flasche (vi-suell) ergänzen.

Nur das Selbsterarbeiten führt ans Ziel, nicht das Abschreiben von fertigen Listen. Das wäre ja wieder unser altes Lernsystem: „Lernen durch Konsumieren von vorgefertigten Inhalten."

Erst wenn Sie etwas mit eigenen Worten beschreiben können, haben Sie es tatsächlich begriffen!

Unser Spiel für Auszubildende:

▶ „Suchen Sie in unserem Barbestand alle Getränke, die aus Frankreich kommen."

▶ „Schreiben Sie alle Aperitifs auf."

▶ „Erfassen Sie alle Digestifs."

▶ „Alle Produkte, deren Grundbestandteil Getreide ist."

▶ „Getränke, die am besten zu unseren Fischvorspeisen passen."

Produktinformation – Getränke-Checkliste

Name auf der Karte: *Grand Marnier Cordon Rouge*
Produktgruppe: *Liköre*
Herkunft: *Frankreich*
Alkoholgehalt: *40 %*

Geschmacksrichtung: *Orangen, süß, mit leichtem Bitterton*
Empfehlung zu/als: *Digestif, zum Kaffee*

Ausschankmaß: *2 cl*	**Temperatur:** *ungekühlt*
Verwendetes Glas: *Likörschale*	**Garnitur:** *auf Wunsch mit Crushed Ice*

Vergleichbare Produkte im Sortiment, Alternativen:
Cointreau
Bols Curaçao Blue (zum Mixen)

Vergleichbare Produkte, die wir nicht führen:
Grand Marnier Cordon Jaune
Crème de Grand Marnier
Bols Curaçao Triple Sec (zum Mixen)

Verkaufsstarke Formulierung:
… ein guter Abschluss Ihres Menüs
… eine ideale Ergänzung zu Ihrem Kaffee
… der Orangengeschmack ergänzt am besten die Ananas
… ein würdiger Ausklang

Unbedingt Worte und Sätze finden, die zum Stil des Hauses und zu einem selbst passen!

Es gibt keine Begrenzung der Spielmöglichkeiten, und es entsteht etwas Sinnvolles dabei – Produktwissen ohne Pauken! Dieses Spiel ist spannend und sinnvoll und kann immer von mehreren Gastgebern auf einmal gespielt werden. Die Auswertung erfolgt zusammen mit allen Spielern oder gemeinsam mit Ihnen.

Produktinformation – Getränke-Checkliste

ZUM KOPIEREN
& AUSFÜLLEN

Name auf der Karte:

Produktgruppe:

Herkunft:

Alkoholgehalt:

Geschmacksrichtung:

Empfehlung zu/als:

Ausschankmaß: **Temperatur:**

Verwendetes Glas: **Garnitur:**

Vergleichbare Produkte im Sortiment, Alternativen:

Vergleichbare Produkte, die wir nicht führen:

Verkaufsstarke Formulierung:

143

Produktinformation – Wein-Checkliste

Name des Weines: *Umathum St. Laurent Classic*
Jahrgang: *2007*
Herkunftsland: *Österreich*   **Region:** *Burgenland*
Gebiet: *Neusiedlersee/Frauenkirchen*
Lage: *Vom Stein*   **Winzer:** *Weingut Umathum*
Alkoholgehalt: *12,9 %*   **Restzucker:** *1,5 g/l*
Säure: *5,2 g/l*
Serviertemperatur: *18 Grad*   **Glas:** *Rotwein, Serie di Vino*

Geschmacksrichtung, Kurzbeschreibung:
trocken, voll und kräftig, dunkelrot

Charakterisierung, genaue Beschreibung:
Würzige, typische Brombeernote, voller, kräftiger Geschmack, trotzdem feine Note am Gaumen, würzig, weiches, saftiges Tannin.

Empfehlung zu:
Zum regionalen Lamm unter der kräftigen Kräuterkruste oder zu Wildgerichten.

Vergleichbare Weine im Sortiment, Alternativen:
2008er Edition Saffenburg Nr. 11
2007er Trenz 2two

Vergleichbare Weine, die wir nicht führen:
Hier fehlen noch Informationen, da dieser Wein neu im Sortiment ist, wird ergänzt.

Zusatznotizen aus Verkostungen, Gästebemerkungen:
Wein kann sich noch entwickeln.

Einkauf am: *4.1.2010*   **Anzahl:** *72 Flaschen*
Potential: *Lagerung 10–12 Jahre*

Die wichtigsten Informationen, also das Minimumwissen, um überhaupt ein wenig kompetent für ein Gastgespräch zu sein, für den Service sind:

- ▶ Wozu passt der Wein?
- ▶ Wozu darf ich ihn auf keinen Fall empfehlen? Das bedeutet aber nicht, dass ich ihn auf Wunsch des Gastes nicht serviere – erlaubt ist immer noch, was gefällt!
- ▶ Wie kann der Wein kurz beschrieben werden?
- ▶ Welche Alternativen gibt es im Sortiment?
- ▶ Alkoholgehalt des Weines.
- ▶ Wein ist ein überaus spannendes Thema und kann süchtig machen – nicht nur beim Trinken!

Produktinformation – Wein-Checkliste

Name des Weines:

Jahrgang:

Herkunftsland: Region:

Gebiet:

Lage: Winzer:

Alkoholgehalt: Restzucker:

Säure:

Serviertemperatur: Glas:

Geschmacksrichtung, Kurzbeschreibung:

Charakterisierung, genaue Beschreibung:

Empfehlung zu:

Vergleichbare Weine im Sortiment, Alternativen:

Vergleichbare Weine, die wir nicht führen:

Zusatznotizen aus Verkostungen, Gästebemerkungen:

Einkauf am: Anzahl:

Potential:

Produktinformation – Speisen-Checkliste

Name auf der Karte:
Bezeichnung auf der Speisekarte

Rezeptur/Wichtige Inhaltsangaben:
Hier sind die Grundzutaten, spezielle Gewürze und ausgeprägte Geschmacksrichtungen anzugeben.

Zubereitungsart:
Kurze Erklärung, falls eine längere Zubereitungszeit als üblich nach Bestellung erforderlich ist, auch diese Information anführen.

Passende Ergänzungen, Zusatzverkäufe:
Sind Zusatzverkäufe möglich, oder ist das Gericht schon komplett mit allen Beilagen?

Korrespondierende Getränke:
Aus der Getränkekarte erarbeiten.
Der Gast will Infos über unser Angebot!

Alternativen zu diesem Gericht:
Das Gericht ist aus – gibt es Vergleichbares, oder was kommt dem am nächsten?

Verkaufsstarke Formulierung/Besondere Hinweise für den Gast:
Hier alle Argumente sammeln, die das Gericht aufwerten können, die Herkunftsangaben, ungewöhnliche Zubereitungsart, Rezeptur aus einem Kochbuch von einem berühmten Koch oder altes Familienrezept in neuen Kleidern.
Alleinstellungsmerkmal möglich (das gibt's so nur bei uns)?

Wichtig:

Zusatzstoff: *Pflichtangaben, wenn der Gast danach fragt .*

Produktinformation – Speisen-Checkliste

Name auf der Karte:
*Kassler im Allgäuer Bergheumantel
mit Dunkelbiersauce, Rahmwirsing und Schupfnudeln*

Rezeptur/Wichtige Inhaltsangaben:
*Ausgelöstes Kassler wird portionsweise kurz angebraten,
anschließend im Heumantel fertig gebraten. Es nimmt dadurch den
intensiven Kräutergeschmack vom Heu an. Die Dunkelbiersauce ist
leicht und ungebunden.*

Zubereitungsart:
Kurze Erklärung: Im Heu gebraten, dauert mindestens 25 Minuten.

Passende Ergänzungen, Zusatzverkäufe:
Das Gericht ist komplett mit allen Beilagen.

Korrespondierende Getränke: *Am besten passt der dunkle Fuhr-
mannstrunk, der auch für die Sauce verwendet wird.
Zur Verdauung einen Korn oder den Obstbrand von Haas.*

Alternativen zu diesem Gericht:
*Alles aus der Wirtshausküche, besonders das Brauerpfandl.
Mittwochs gibt's außerdem das Schlachtfest mit weiteren
herzhaften Gerichten.*

Verkaufsstarke Formulierung/Besondere Hinweise für den Gast:
*Das Heu wird auf mindestens 1300 Meter Höhe geerntet und muss
ohne Dünger wachsen. Dadurch enthält es sehr viele Wildkräuter,
die dann diese unvergleichliche Würze ergeben.*

Wichtig: *Nicht für salzarm essende oder für eilige Gäste geeignet.*

Zusatzstoff: *15 (Pökelsalz) .*

Produktinformation – Speisen-Checkliste

Name auf der Karte:

Rezeptur/Wichtige Inhaltsangaben:

Zubereitungsart:

Passende Ergänzungen, Zusatzverkäufe:

Korrespondierende Getränke:

Alternativen zu diesem Gericht:

Verkaufsstarke Formulierung/Besondere Hinweise für den Gast:

Wichtig:

Zusatzstoff:

Durch spezielle Empfehlungen außerhalb der Karte können Sie für den Gast ein besonderes „Einkaufserlebnis" schaffen.

WICHTIG

Zusatzverkäufe müssen spontan gemacht werden und dürfen auf keinen Fall zusätzlich belasten. Daher müssen diese in den normalen „Bestelldialog" und in den normalen Serviceablauf eingebaut werden (siehe Grafik auf Seite 132).

Aperitif

Die Frage am Anfang „Möchten Sie vorneweg etwas trinken?" öffnet den Weg zu einem Verkauf und kann dann bei positiver Reaktion in eine Empfehlung münden.
Wie weit ist der gezielte Verkauf von einem ausgefallenen Aperitif realisierbar – auf der Tages- oder Monatskarte?
Wenn dieser für jeden sichtbar dekoriert und angeboten wird, muss die Gesprächseinleitung dann auf jeden Fall so beginnen: „Wir servieren heute den Pinot Grigio vom Weingut Müller glasweise, oder möchten Sie lieber den Cocktail Sommertraum? Das ist erfrischender Prosecco mit Zitronenlikör und Erdbeermark."
Stellen Sie eine Alternativfrage, dann kann die Antwort nur entweder oder lauten, aber kaum nein.
Das Wort „vorneweg" am Beginn ist wichtig! Damit klären Sie ganz unauffällig, ob der Gast überhaupt an einen Aperitif gedacht hat.

Übrigens: Wenn der Aperitifverkauf positiv ausfällt, ergibt sich meist noch ein anderer Spontanverkauf. Aperitiftrinker sind oft neugierige Genießer!

WICHTIG

Die alternative Fragestellung ist einer direkten Frage wie „Möchten Sie einen Hauscocktail?" vorzuziehen.
Direkte Fragen können mit Ja oder Nein beantwortet werden. Alternativfragen fordern immer eine Reaktion heraus.

Suppe oder Vorspeise

Besonders bei längeren Wartezeiten anbieten – „Das Essen wird ein wenig dauern, möchten Sie inzwischen eine Suppe oder eine kleine Vorspeise? Der Salat mit der Entenbrust ist hervorragend, und auch die Kürbissuppe wird von unseren Gästen gelobt."

Denken Sie daran, dass sich diese Gerichte Konkurrenz machen – das heißt entweder Suppe oder Vorspeise.

Es wird kaum beides als Zusatzverkauf realisierbar sein.

Aber wir haben noch eine Chance, nämlich das Dessert

Wieder unbedingt mit Tagesempfehlungen arbeiten.

Verkaufen Sie Ihre Desserts bereits beim Abservieren!

Trick: Desserts lassen sich am besten beim Abservieren verkaufen, so nebenbei. Da ist der Sättigungsgrad noch nicht erreicht. 5 Minuten später kann es zu spät sein!

Da ja während des Essens einmal gefragt wird, ob alles in Ordnung ist, kann man anstatt nochmal zu fragen, besonders wenn der Teller fast nicht gewaschen werden müsste, gleich eine Empfehlung anbringen.

„Als süßen Abschluss servieren wir heute ... oder darf es ein Kaffee sein?"

Digestif geht am besten als Verdauungsschnaps.

Zusatzumsatz gefällig? Natürlich, immer!

- ▶ Vorspeisen zu zweit
- ▶ Suppe
- ▶ Salat
- ▶ Weitere Beilagen
- ▶ Ergänzungen von Salaten
- ▶ Desserts zu zweit
- ▶ Wein und Mineralwasser
- ▶ Kaffee und Zigarre
- ▶ Dessert und Kaffee
- ▶ Kaffee und Likör
- ▶ Kaffeespezialitäten
- ▶ Käse und Weißwein
- ▶ Blauschimmelkäse und Beerenauslese
- ▶ Flaschenwein, glasweise
- ▶ Champagner zum Schnäppchenpreis
- ▶ Cocktails mit „Show"
- ▶ Edelbrände mit „Seltenheitswert"

Zusätzliche Verkaufsverstärker

► Hohe Glaskultur bei allen Getränken
► Flaschenwein aus Magnumflaschen, glasweise
► Spirituosen, am Tisch eingeschenkt
  aus schönen Flaschen
► Flaschenwein, glasweise am Tisch eingeschenkt
► Tee offen aus der Teebar
► Fun-Geschirr aus mehreren Teilen zusammengesetzt
► Spezialgeschirr zu besonderen Gerichten
► Ausgefallene Anrichteweise der Gerichte
► Service-Show am Tisch
► Feuerzauber
► Fünf Bausteine im aktiven Verkauf

Tipp für mehr „Belohnung" bei gutem Service

Mitarbeiter, welche die Bestellung ihrer Gäste wörtlich wiederholen, können mit einem höheren Trinkgeld rechnen. Niederländische Forscher haben das nun tatsächlich herausgefunden. Wissenschaftler vermuteten schon länger, dass eine einfache Imitation des Verhaltens soziale Gefühle fördert. Gäste, deren Wünsche wörtlich wiederholt wurden, gaben häufiger Trinkgeld als die anderen – im Durchschnitt rund doppelt so viel.

Jetzt haben wir endlich eine zusätzliche Begründung, warum die Bestellung am Tisch mit Blickkontakt zum Gast wiederholt werden soll. Die logische Anweisung, dies zu tun, damit man sich selbst den Gast besser merken kann und um Irrtümer auszuschließen, hat bisher nicht ausgereicht. Zumindest halten sich die wenigsten Mitarbeiter an diese einfache Grundregel. Das Trinkgeld drückt die Zufriedenheit des Gastes aus. Und diese variierte eindeutig bei diesen Studien.

Wörtliche Wiederholung der Bestellung fördert das soziale Empfinden

Teil 5
MITARBEITERFÜHRUNG UND -MOTIVATION

Das Teuerste und Wertvollste in unseren Betrieben ist das Humankapital!

Von der modernen Technik sind wir daran gewöhnt, nur Bruchteile der gegebenen Möglichkeiten zu nutzen. Bestes Beispiel ist der Computer. Nur sehr wenige nutzen hier mehr als 10 Prozent des vorhandenen Potenzials. Doch jetzt haben wir den Punkt erreicht, dass es für uns alle heißt: „Weg von ausgetretenen Pfaden." Dass wir noch um vieles sorgfältiger als bisher mit unseren Ressourcen umgehen müssen, leuchtet ein.

Der so oft zitierte Standortvorteil liegt im Kopf

Ressourcenmanagement heißt, das Vorhandene optimal nutzen. Und nirgends ist der Nachholbedarf größer als bei der Ressource „Mitarbeiter". Weil der wirkliche Wert eines Betriebs nicht mehr so sehr in den Häusern, in der Ausstattung oder in den Maschinen steckt, sondern zuerst in den Köpfen der Mitarbeiter.

Für Gastronomie und Hotellerie gilt das im doppelten Sinn. Die Top-Gastronomen von heute haben das schon vor langer Zeit erkannt: „Gute Bezahlung als einzige Maßnahme der Mitarbeiterführung ist für das Halten hoher Qualitätslevels zu wenig!" Wer heute einen ganzen Mitarbeiter bezahlt, aber nur seine Hände für sich arbeiten lässt, steht auf verlorenem Posten, denn gerade das ist die Verschwendung der mit Abstand teuersten Ressource.

Moderne Mitarbeiterführung und -weiterbildung ist dagegen ein bewährter Schlüssel zur Verbesserung von Innovations- und Wettbewerbsfähigkeit. Beispiele aus der Praxis beweisen es immer wieder: Auf keine andere Art lässt sich mit so wenig Einsatz so viel erreichen!

Nun haben die dauernden Diskussionen um die Servicewüsten viele Unternehmer verunsichert. So fordern die Dienstleister – beinahe schon gebetsmühlenartig – „mehr Freundlichkeit" als Allheilmittel. Doch wie wenig Freundlichkeit allein bringt, müssen wir immer öfter schmerzlich zur Kenntnis nehmen. Selbst nachweisbare Gästezufriedenheit ist schon lange keine Garantie mehr für Gästetreue oder Geschäftserfolg.

Unter diesen Bedingungen ist die einzige Chance für Kleinbetriebe, statt über den Preis über Qualität zu verkaufen.

Qualität in einem so hochwertigen Dienstleistungsbereich, wie Gastronomie und Hotellerie, ist mehr als das ständige Lächeln der Servicemitarbeiter – wie nach einer missglückten Gesichtsoperation!

Das bedeutet umdenken. Und das bedeutet: „Zielarbeit zuerst!" Wie in Teil 1 des Buchs beschrieben, müssen Mitarbeiter in das Formulieren des Unternehmensziels mit einbezogen werden, wenn wirklich alle an einem Strang ziehen sollen. Die Aufgabe des Chefs besteht dann darin, für diese gemeinsame Zielverwirklichung die bestmöglichen Rahmenbedingungen zu schaffen. Moderne Führungsmethoden unterstützen ihn dabei, denn es geht zuerst und hauptsächlich um die Umsetzung von Unternehmenszielen 1 zu 1 bei der Basis. An der Schnittstelle zwischen Gast und Betrieb. Wer morgen noch erfolgreich sein will, muss seine Mitarbeiter also dazu bringen, sich eigenverantwortlich für die Interessen des Betriebs einzusetzen. Und das ist etwas ganz anderes, als die Leute auf „Freundlichkeits-Seminare" zu schicken oder auf Anweisung lächeln zu lassen. Der Unterschied ist offensichtlich. Wer sich voll und ganz für seinen Betrieb einsetzt, wird in (fast!) allen nur denkbaren Fällen freundlich sein. Aber von sich aus. Mit seiner ganzen Person. Und nicht – für den Kunden leicht erkennbar – „mechanisch" wie auf Knopfdruck. Mit dieser ganzheitlichen Einstellung verschwinden auch so hartnäckige Problemfälle wie „Das geht jetzt nicht!" oder „Das ist nicht möglich!" und so weiter. Zum Beispiel der junge, freundliche Barkeeper, der regelmäßig früher kommt, um seinen Arbeitsplatz perfekt vorzubereiten, aber einem in dieser Zeit zufällig vorbeikommenden Gast einen Campari-Soda verweigert. Das Problem in diesem Fall: „Der junge Mann liebt seine Arbeit. Aber nicht seine Gäste!"

Ein Blick über den viel zitierten Tellerrand hinaus zu Martin Röder verschafft uns einen direkten Praxisbezug. Röder ist Produzent von Gelenkwellen in Thüringen. Mit seiner Erfolgsdevise bringt er alle Theorie zum Thema auf den Punkt. Die Leitsätze dieses – wohlgemerkt – „Industrie-Unternehmens" hängen an jedem schwarzen Brett in der Firma (und inzwischen bezeichnenderweise auch in manchen Gastronomiebetrieben). Das Thüringer Unternehmen ist eine relativ kleine Firma. Sie beliefert Spezialabnehmer wie Baumaschinenhersteller oder Großkunden in der Autobranche. Kompromisslose Teamorientierung garantiert diesen Kunden höchste Flexibilität bei Angebot, Lieferzusagen und Reklamationsbehandlung. Damit das so bleibt, investiert das Unternehmen im Jahr 5 Trainingstage pro Mitarbeiter. Dabei bleibt Kundenorientierung und Eigenverantwortlichkeit die Basis aller Weiterbildungsaktivitäten. Durch dieses komplette Umdenken konnten die Thüringer ihren Umsatz von 1994 bis 1999 um 80 Prozent steigern. Die oft kopierten Leitsätze lauten:

- ▶ Ein Kunde ist die wichtigste Person für unser Unternehmen. Egal ob er anwesend ist, ob er schreibt oder anruft.
- ▶ Er ist nicht von uns abhängig, sondern wir von ihm.
- ▶ Er stört uns nicht bei der Arbeit, sondern ist ihr Sinn, Zweck und Inhalt.
- ▶ Er ist kein Fremder, sondern ein lebendiger Bestandteil unseres Geschäftes. Wenn wir seine Wünsche erfüllen, tun wir ihm keinen Gefallen. Er tut uns einen Gefallen, wenn er sich seine Wünsche von uns erfüllen lässt.
- ▶ Er ist keine Nummer, sondern ein Mensch aus Fleisch und Blut. Mit Eigenschaften und Stimmungen, wie wir sie auch haben.
- ▶ Er kommt nicht zu uns, um Streitgespräche zu führen oder seine Intelligenz messen zu lassen. Er hat einfach das Recht, seine Meinung zu äußern.
- ▶ Er legt uns seine Wünsche vor. Unsere Aufgabe ist es, diese Wünsche sowohl für ihn als auch für uns gewinnbringend zu erfüllen.

Optimieren Sie ständig das bereits Vorhandene!

Dieser Abstecher in die Industrie zeigt uns Folgendes:
Der uralte Spruch „Bei uns ist alles anders" hat noch nie gestimmt. Jetzt wird endlich auch für den letzten Zweifler erkennbar, wie uns solches Denken in die Sackgasse geführt hat. Moderne Mitarbeiterführung heißt ja vor allem „lernen von anderen" – von den Erfolgreichen!
Moderne Mitarbeiterführung heißt nicht, laufend neue Konzepte zu entwickeln und ständig die Betriebe umzukrempeln. Mitarbeiterführung ist nichts anderes, als durch zeitgemäße Methodenkompetenz kontinuierlich aus dem Vorhandenen das Beste zu machen. Nur so verschwinden Schwächen aus dem Gesichtsfeld des Gastes. Nur so werden die eigenen Stärken zur einzig bestimmenden Energiequelle für alle Beschäftigten – vom Spüler bis zum Chef!

Mitarbeitertraining

Mitarbeitertraining gehört zu den Führungsaufgaben der Zukunft. Das heißt, Sie müssen als Erstes Ihre eigene Kompetenz zu diesem Thema auf den Prüfstand stellen. Erfolgreiches Training hat in erster Linie etwas mit Zielarbeit zu tun. Was soll überhaupt erreicht werden? Wenn das geklärt ist, sucht man die passende Methodik dafür. Wie kann das erwünschte Verhalten erreicht werden? Je nach Aufgabenstellung führen verschiedene Wege zum Ziel. Nicht vernachlässigen darf man die Vertiefungs- und Kontrollphase. Hier bringen Zyniker immer das Verhaltenstraining bei Tieren ins Spiel. Ich persönlich sehe auch Parallelen. Ein Tier macht etwas nur für die erwartete Belohnung, es steckt jedoch kein Sinn dahinter. Für den Menschen erhoffe ich mir hier schon mehr. Um Verhalten wirklich langfristig verändern zu können, muss ich zuerst die Einstellung verändern. Das erreiche ich aber nur über Sinngebung für das erwartete TUN.

Vielleicht brauchen Sie am Anfang noch Unterstützung? Ich kenne wirklich erfolgreiche Führungskräfte, die perfekt trainieren können. Das sind aber eher Ausnahmen. Sie haben Trainingsmethoden, die wirken, in ihrer Laufbahn kennen gelernt.

Mitarbeitermotivation

Mitarbeitermotivation wird vor allem durch Anerkennung der erbrachten Leistungen erreicht. Das sagen alle befragten Unternehmer übereinstimmend: Lob ist die Schmiere im Motivationsgetriebe.

Hier gilt für mich der Minutenmanager zu 100 Prozent – ich zitiere wörtlich:

PRAXISBEISPIEL

Manager: *„Es ist komisch, die meisten Firmen geben 50 bis 70 Prozent ihres Geldes für die Gehälter ihrer Angestellten aus. Und trotzdem geben sie weniger als 1 Prozent ihres Etats für die Fortbildung und Entwicklung ihrer Mitarbeiter aus. Tatsache ist, dass bei weitem die meisten Firmen mehr Zeit und Geld in die Instandhaltung ihrer Gebäude und Maschinen investieren als in die Pflege und Entwicklung ihrer Arbeitskräfte."*

Junger Mann: „So habe ich das noch nie betrachtet, doch wenn es die Menschen sind, die die Ergebnisse erzielen, dann ist es natürlich sehr sinnvoll, dass man auch in Men-

schen investieren muss. Bei den meisten Firmen, wo ich früher gearbeitet habe, wusste ich nicht, was von mir erwartet wurde. Niemand machte sich die Mühe, es mir zu sagen. Wenn Sie mich gefragt hätten, ob ich gute Arbeit leiste, hätte ich entweder antworten müssen ‚ich weiß es nicht‘ oder ‚ich hoffe es‘. Und wenn Sie mich gefragt hätten, warum, hätte ich antworten müssen: ‚Mein Chef hat mich in letzter Zeit nicht angemeckert‘ oder ‚wer schweigt, ist einverstanden‘. Es war fast so, als ob es meine wichtigste Motivation wäre, Strafpunkte zu vermeiden.“

Wie sieht es nun in Ihrem eigenen Betrieb aus? Sind Ihre Mitarbeiter „satt und zufrieden“ oder noch hungrig nach Anerkennung?

„Gebrauchsanweisung für den Chef“
(geschrieben für Chefs und Mitarbeiter)

Sie fragen sich, warum ich Ihnen nicht die Gebrauchsanweisung für Ihre Mitarbeiter liefere? Das ist doch unser Thema, meinen Sie? Das hat mit meinem ganzheitlichen Trainingsansatz zu tun – DPV®!

DPV® bedeutet "Different Point of View®" – Die verschiedenen Sichtweisen und Einstellungen angewandt auf alle Situationen des Lebens: Erkennen, anerkennen, zulassen und handeln!

WICHTIG

Sie können einen anderen Menschen niemals komplett kontrollieren. Sehr wohl können Sie ihn komplett unterstützen. Der einzige Mensch, den Sie unter Kontrolle haben, sind Sie selbst!

Das Verrückte ist nämlich: Führungskräfte und Chefs vergessen sehr schnell, wie sie sich als Mitarbeiter gefühlt haben. Sobald sie „Vorgesetzte“ sind, verschiebt sich ihr Blickwinkel. Und sie müssen sehr gut aufpassen, dass dieser nicht schief wird!

Frage an Sie: Gibt es Dinge, die Sie als Führungskraft tun, die Sie aber als Mitarbeiter rasend gemacht haben?

Ein Beispiel. Sie wollten reden und haben gehört: „Bitte später?“ Und das „Später“ kam nie?

Viele Mitarbeiter in Gastro-Unternehmen klagen über ihren „Vorgesetzten“. Untersuchungen zeigen, dass nur wenige Betriebsangehörige mit ihren Chefs wirklich zufrieden sind. Darauf sind mehrere Reaktionen möglich: Manche belassen es beim Klagen, einige ziehen sich zurück, gehen verdrossen in die innere Kündigung. Es gibt aber auch Versuche, etwas zu verändern. Man ist ja schließlich auf den Chef angewiesen und will irgendwie positiv mit ihm zusammenarbeiten.

Ein Mitarbeiter, der rebelliert, ist noch „im Betrieb". Wie ein Gast, der offen reklamiert. Dieser will ja auch als Kunde bleiben.

Ein erster Schritt wäre schon einmal, nicht mehr vom „Vorgesetzten und seinem Personal" zu reden. Allein die beiden Wörter sind bei vielen Menschen überaus negativ besetzt. Deshalb lieber von der Führungskraft und den Mitarbeitern sprechen.

Ein Mitarbeiter, der selbstverantwortlich handelt, wird oft als Querulant hingestellt. „Das ist ein ewiger Nörgler, Besserwisser usw." Dabei denkt er bloß mit!

Es folgt ein Seitenblick auf eine Untersuchung in Österreichs Betrieben (191 befragte Unternehmen). Würde das Ergebnis in Deutschland oder der Schweiz anders ausfallen, was denken Sie?
Die Gesellschaft für Personalführung wollte es genau wissen und hat Chefs und Mitarbeiter befragt, wie sie die Nutzung des Mitarbeiterpotenzials sehen. Chefs meinten, dass nur etwa zwei Drittel des vorhandenen Potenzials genutzt würden. Mitarbeiter gaben an, dass sie nur die Hälfte ihres Potenzials verwenden müssten bzw. dass nur die Hälfte eingefordert würde!
Zur Frage der inneren Kündigung: Die Chefs denken, dass zirka 10 Prozent der Mitarbeiter innerlich gekündigt haben. Bei den Angestellten wurden aber 36 Prozent festgestellt. Überlegen Sie bei diesem Ergebnis, ob der tatsächliche Wert nicht noch höher liegt. Was würden Sie denn auf diese Frage als Mitarbeiter antworten?

Noch eine Alarmzahl: 70 Prozent der Chefs meinen, hohe Führungsqualitäten aufzuweisen. Dieser Meinung sind aber nur 56 Prozent der Mitarbeiter!

Ein noch krasseres Ergebnis haben wir selbst in einem Tourismusprojekt erhalten. Hier gaben 89 Prozent der Mitarbeiter (632 Befragte) an, dass ihr Mitdenken und Mitgestalten nicht gefragt sei.

Die Frage lautete: Können Sie sich selbst in den Betrieb einbringen, und werden Ihre Vorschläge und Anregungen angenommen? Nur 11 Prozent der Mitarbeiter bejahten diese Frage! In einer Online-Umfrage des Job-Portals Monster unter 11 600 Personen (die bisher größte mir bekannte und ausgewertete Befragung) gaben 34,4 Prozent der deutschen Mitarbeiter die Schuld für „dicke Luft" in der Firma der Chefetage. Europaweit insgesamt sogar 39,2 Prozent!

WICHTIG

Mein DPV®Tipp: Sehen Sie sich gegenseitig als Kunden – was wünschen Sie sich als Mitarbeiter, damit Sie Ihre Arbeit gut machen können?

Als Mitarbeiter leiste ich einen Beitrag zum Ganzen! Diese Grundidee kommt am besten in der Geschichte von den drei Maurern zum Ausdruck: Ein Mann kommt an eine Baustelle, auf der drei Maurer sehr fleißig arbeiten. Äußerlich ist zwischen ihnen kein Unterschied zu erkennen. Er geht zum ersten und fragt: „Was tun Sie da?" Dieser schaut ihn verdutzt an und sagt: „Ich verdiene mir hier meinen Lebensunterhalt." Er geht zum zweiten und fragt ihn dasselbe. Dieser schaut ihn mit glänzenden Augen sichtbar stolz an und sagt: „Ich bin der beste Maurer im ganzen Land." Dann geht er zum dritten und stellt ihm dieselbe Frage. Dieser denkt einen kurzen Moment nach und sagt: „Ich helfe hier mit, eine Kathedrale zu bauen."

Welche Antwort geben Ihre Mitarbeiter, wenn sie nach ihrer Tätigkeit gefragt werden?

„Ich koche" – oder „Ich trage zum Wohlfühlen unserer Gäste bei" oder „Ich ...?"

Und was antworten Sie Ihren Gästen, wenn Sie von diesen nach der Tätigkeit Ihrer Mitarbeiter gefragt werden? Am Image unseres Berufsstands haben wir selbst jahrelang gebastelt – und oft nicht sehr positiv. Ein Unternehmer hat sich schlicht geweigert, mit seinem Oberkellner und dem Küchenchef am selben Seminar teilzunehmen. Das hätte mich nicht sonderlich gestört. Erschreckt hat mich nur die abfällige Bemerkung: „Mit denen setze ich mich doch nicht auf eine Bank."

Wer sich als Chef immer noch als „der bessere (wertvollere?) Mensch" im Verhältnis zu seinen Mitarbeitern fühlt, hat etwas verschlafen. Wertschätzung der Mitarbeiter und Gäste ist die Grundvoraussetzung für eine gelingende Zukunft der Branche.

In Erfolgsbetrieben sitzen Chefs und Mitarbeiter sehr wohl gemeinsam in Weiterbildungsveranstaltungen. Und bei Inhouse-Seminaren erst recht. Wenn das nicht möglich ist, stecken oft auch unausgesprochene Konflikte dahinter. Man geht nicht wirklich ehrlich miteinander um. Chefs und Führungskräfte werden in Zukunft viele Hausaufgaben machen müssen.
Das sind im Einzelnen:

▶ Zielarbeit, gemeinsam mit den Mitarbeitern
▶ Veränderungen erkennen und nutzen
▶ lernen und mit der Zeit gehen
▶ kommunizieren, nach innen und außen
▶ informieren, auch Zahlen bekannt geben
▶ motivieren und coachen
▶ kontrollieren der Ziele

Alle diese Fähigkeiten sind ohne Wertung nach Wichtigkeit zu sehen. Die einzelnen Elemente greifen wie Zahnräder ineinander. Es ist egal, wo Sand im Getriebe ist, die Auswirkung betrifft das Ganze. Was du nicht willst, dass man dir tu', das füg auch keinem andern zu! Andersherum: Was du selbst erwartest, musst du auch selbst geben. Kommunikation ist allgemein komplizierter, als man gemeinhin glaubt. Wie sonst ist es möglich, dass einer behauptet „das habe ich dir doch gesagt" und der andere von gar nichts weiß?
Entscheidend ist also nicht, dass wir kommunizieren, sondern wie wir kommunizieren. Außerdem: Man kann gar nicht „nicht kommunizieren" (Watzlawick).

In der Gastronomie (der Kommunikationsbranche!) sind wir Weltmeister im „Aneinander vorbeireden"

Was die Kommunikation so schwierig macht, ist die Mehrdeutigkeit des gesprochenen Wortes. Je nach Erfahrungen des Empfängers werden diese unterschiedlich interpretiert. Mimik, Gestik, Tonwahl – diese Faktoren können eine Botschaft verstärken, aber auch verfälschen.

Wie kommt das immer wieder zu beobachtende „Aneinander vorbeireden" in der Gastronomie, der Kommunikationsbranche schlechthin, zustande?

▶ Weil wir häufig in der Hektik zwischen Tür und Angel Anweisungen geben.

▶ Weil wir den Dienst so knapp eingeteilt haben, dass für eine ausführliche Besprechung keine Zeit bleibt.

▶ Fügen Sie hier ruhig Ihre eigene Ausrede an.

Welche Möglichkeiten der Kommunikation gibt es in der Gastronomie, um Ziele zu erreichen?

5 Minuten intensiv sind besser als 1 Stunde Blabla!

Am einfachsten geht es mit gut organisierten Kurzbesprechungen, Meetings, Hausinfos und Mitarbeitergesprächen, wenn sie sorgfältig vorbereitet sind. Zeitmangel ist immer ein Hauptargument dagegen. In der Praxis hat sich aber gezeigt, dass regelmäßige Maßnahmen, auch wenn sie kurz sind, am meisten bringen.

Regeln für ein gelungenes Meeting:

▶ Halten Sie Meetings regelmäßig ab.

▶ Erstellen Sie eine Tagesordnung, und geben Sie diese rechtzeitig bekannt. Sammeln Sie auch anstehende Mitarbeiterthemen, und bauen Sie diese in die Tagesordnung ein.

▶ Die Leitung des Meetings können Sie sogar delegieren, entweder an eine Führungskraft oder auch reihum, wenn die Mitarbeiter dazu in der Lage sind. Es darf aber keiner dazu gezwungen werden!

▶ Am Beginn jedes Meetings müssen immer wieder die Regeln der Zusammenarbeit bekannt gegeben werden. Diese können Sie dann auch einfordern, wenn jemand die Vereinbarung bricht.

WICHTIG

Regeln über den Umgang miteinander, nicht nur für Meetings: Offenheit, Ehrlichkeit, Sachlichkeit, wertschätzender Umgang.

- Einstieg mit Vorschau und Rückblick – was kommt, was war das letzte Mal, was wurde umgesetzt?
- Halten Sie die Tagesordnung ein. Wenn jemand aus dem Team moderiert, achten Sie auf den roten Faden.
- Absprachen werden in einem Protokoll festgehalten, und deren Einhaltung wird eingefordert. Das bedeutet natürlich, dass das auch kontrolliert und beim nächsten Meeting darüber gesprochen wird.
- Das Protokoll muss so schnell als möglich erstellt und allen Teilnehmern zugänglich gemacht werden.
- Im Meeting soll man keine Zeit vergeuden, das erfordert straffes Moderieren. Diskussionen müssen natürlich erlaubt sein, aber zur Sache und nicht auf Nebenschauplätzen!
- Machen Sie klar, dass die Teilnahme erwartet wird, und nehmen Sie das in den Pflichtenkatalog (oder in die Haus-Bibel, Mitarbeitermappe usw.) auf.
- Danken Sie für die Teilnahme, auch wenn es Arbeitszeit und Pflicht ist.
- Legen Sie den Termin für das nächste Meeting fest.
- Missbrauchen Sie ein Meeting niemals zum Kritisieren von Fehlleistungen eines Einzelnen. Das gehört in ein persönliches Gespräch!
- Noch wichtiger: Über Abwesende spricht man nicht. Sollte sich das einmal wirklich nicht vermeiden lassen, dafür Sorge tragen, dass die richtigen Informationen an den Betroffenen weitergegeben werden.

Eine häufige Streitfrage: Ist ein Meeting nun Arbeitszeit oder nicht? Ich sage ja. Wenn Sie kein Kaffeekränzchen daraus machen, ist es auf jeden Fall ernsthafte Arbeit!

WICHTIG

Kurzinfos

Kurzinfos oder die täglichen Servicebesprechungen erfordern keine Tagesordnung und auch kein Protokoll, aber sie sind wichtiger Bestandteil der täglichen Arbeit. Sie brauchen sie vor allem für ein lebendiges Team und für den aktiven Verkauf.

Hausinfos

Hausinfos ergänzen Meetings oder bereiten sie auch vor. Ersetzen können sie den persönlichen Austausch nicht. Es gibt viele verschiedene Varianten, je nach Betriebsgröße – vom schwarzen Brett über die eigene Mitarbeiterzeitung bis hin zum Intranet. Sinn macht, was gut und ohne großen Aufwand durchführbar ist, sei es vom Zeitaufwand, von der finanziellen Seite und vor allem vom Informationsgehalt her gesehen.

Ein Modell fasziniert mich besonders: Auszubildende machen eine Mitarbeiterzeitung und üben dabei, wie die Gästezeitung aussehen könnte.

Die klassische KISS-Regel aus der Werbung "Keep it short & simple" – „Sage es kurz und einfach" bewährt sich dabei immer wieder.

Mitarbeitergespräch

Zu einem Mitarbeitergespräch gibt es viele Anlässe. Wovon ich persönlich gar nichts halte: Vom einmal im Jahr vorprogrammierten Mitarbeitergespräch.

Es erinnert mich immer an die gute Tat des Pfadfinders. Besser ist, öfter und auf einen konkreten Anlass bezogen mit den Mitarbeitern zu reden. Manchmal ist die Abrechnung der Tageseinnahmen sogar der richtige Zeitpunkt dafür.

WICHTIG

Das Mitarbeitergespräch muss für Chef und Mitarbeiter immer mit einem positiven Gefühl verbunden sein. Deshalb verlassen manche Chefs dazu bewusst das Büro und gehen „off shore".

Halten Sie dabei die Regeln für ein positives (Mitarbeiter-) Gespräch ein, und schaffen Sie günstige Voraussetzungen dafür:

▶ Sie widmen sich voll und ganz dem Gesprächspartner und lassen alle Nebentätigkeiten weg.
▶ Sie haben Zeit und lassen keine Störungen von außen zu.
▶ Sie schalten auch das Telefon (Handy) aus und hören aufmerksam und aktiv zu.
▶ Sprechen Sie nicht zu viel. Stellen Sie bei Unklarheiten Fragen.

- ▸ Bleiben Sie immer sachlich.
- ▸ Respektieren Sie die Persönlichkeits- und Privatsphäre des Mitarbeiters.
- ▸ Bringen Sie Wertschätzung entgegen, auch bei konträren Standpunkten.

Manchmal sind Kritikgespräche unumgänglich. Wenn Sie den Mitarbeiter behalten wollen, lohnt es sich auf jeden Fall, sich sehr gut auf das Gespräch vorzubereiten. Ein Kritikgespräch kann ja in ein Entwicklungsgespräch münden. Im Kritikgespräch wird ein Fehlverhalten bearbeitet und soll so zeitnah wie möglich auf einen unerwünschten Vorfall folgen. Wenn Sie davon ausgehen, dass dem Mitarbeiter einfach noch Informationen oder Fertigkeiten fehlen, versuchen Sie, das im Gespräch herauszufinden. Es ist immer besser zu fragen, was der Mitarbeiter noch benötigt, was ihm fehlt, weswegen er bestimmte Vorgaben nicht erfüllt, als vorschnelle Behauptungen in den Raum zu stellen. Kritisieren Sie wertschätzend, und werden Sie dabei nie persönlich oder verletzend.

Mitarbeiter haben bei unseren Befragungen darüber geklagt, dass ihre Fehler oft sehr heftig und persönlich abwertend kritisiert werden. Außergewöhnliche Leistungen würden dagegen nicht einmal bemerkt.

Schließen Sie jedes Gespräch mit einer Vereinbarung für die Zukunft ab, und – vor allem – setzen Sie gemeinsam Termine, bis wann etwas erledigt sein wird!
Das Nachkontrollieren und Nachfassen dürfen Sie auf keinen Fall vergessen. Wenn keine Konsequenz erkennbar bleibt, wird auch kaum etwas tatsächlich verändert.

Kommunikation nach innen und außen
Deckt sich Ihr Marketing mit den tatsächlich anzutreffenden Angeboten im Betrieb?
Welche Gästeerwartungen wecken Sie?
Kennen die Mitarbeiter auch alle Gästeerwartungen?
In der Gastronomie arbeiten immer Teams – oder doch nicht?
Na ja, zumindest steht in den meisten Prospekten: „Unser Team freut sich auf Sie" oder so ähnlich.

Teamcheck: Welche dieser Aussagen treffen auf Ihren Betrieb zu?

- Mitarbeiter arbeiten meist unabhängig voneinander, Aufgaben überschneiden sich.
- Kommunikation erfolgt frei und ungezwungen. Meinungen werden offen ausgesprochen.
- Gegenseitige Unterstützung muss eingefordert werden, damit sie passiert.
- Die Mitarbeiter sehen ihre Arbeit als etwas, was eben getan werden muss.
- Unstimmigkeiten werden sehr persönlich und verletzend ausgetragen.
- Fehler werden zugegeben und behoben.
- Es gibt häufig Schuldzuweisungen bei Problemen.
- Den Mitarbeitern werden Ziele vorgegeben.
- Mitarbeiter werden in die Zielfindung einbezogen.
- Jeder arbeitet eigenverantwortlich an der Erreichung eines gemeinsamen Ziels.
- Kritik wird als persönlicher Angriff gewertet.
- Die Mitarbeiter fühlen sich für ihre Arbeit und ihre Aufgaben persönlich verantwortlich.
- Die Mitarbeiter erkennen individuelle Leistungen an.
- Bei Problemen sucht man die Ursache und nicht den Sündenbock.
- Die Mitarbeiter kennen die Aufgaben und Probleme von anderen Abteilungen nicht.
- Konflikte werden nicht ausgetragen, sondern mitgeschleppt.

(Auflösung auf Seite 187)

Das „Miteinander" ist der Schlüssel für gute Zusammenarbeit

Sie fragen nun zu Recht, was dieser Check soll. Es ist ein Riesenunterschied, ob Sie ein Team leiten oder im Betrieb nur „einzelne Arbeitsgruppen" oder gar „Leidensgenossen" beschäftigen. Wenn ich vom Team spreche, meine ich das ganze Unternehmen, nicht einzelne Abteilungen. In gesunden Betrieben sind sich alle Mitarbeiter der Gemeinsamkeit und der gegenseitigen Abhängigkeit bewusst. Die Abteilungen befruchten und unterstützen sich. Sie arbeiten niemals gegeneinander, nur um sich selbst besser darzustellen. Wie sieht es aber manchmal in der Realität aus? Je nachdem aus welcher Abteilung der Unternehmer kommt, wird diese bevorzugt. Meist ganz unbewusst, niemals böswillig. Das äußert sich vielleicht einmal darin, dass etwas angeschafft wird, was aus der Sicht der anderen Abteilung ja gar nicht wichtig war. Ihre eigenen Wünsche wurden wieder einmal übersehen. Und schon gibt es erst versteckte, dann offene Konflikte. Zusätzlich verstärkt wird das Ganze dann noch, wenn auch die „Streicheleinheiten" anscheinend ungleich verteilt werden.

Ich habe einen Betrieb erlebt, in dem an wirklich extremen Tagen die Küche regelmäßig einen Sonderapplaus von der Chefin bekam. Der Service, meinte sie, kriegt das sowieso von den Gästen. Dass das aber nicht so war, weil der Service an diesen Tagen am Limit war, hat sie erst nach massiven Reklamationen erkannt. Von einzelnen Arbeitsgruppen in Küche und Service zum gemeinsamen Team zu finden hat über 2 Jahre gedauert und ein komplettes Umdenken auf allen Ebenen erfordert.

Einfache Möglichkeiten der Mitarbeitermotivation

Die Mitarbeiter müssen sich an ihrem Arbeitsplatz wohl fühlen. Wie ist die Arbeitsumgebung wirklich? Vor den Kulissen hui – hinter den Kulissen pfui?

Stellen Sie sicher, dass die Arbeitsumgebung Ihrer Mitarbeiter motivierend ist. Sind die Einrichtung und die Arbeitsplätze ergonomisch richtig ausgestattet? Nicht jede von anerkannten Planern ausgestattete Küche ist mitarbeiterfreundlich! Damit habe ich etwas umschrieben, wofür ich als Praktiker gerne ein heftiges Wort verwendet hätte.

Mancher Chef hat schon allein deshalb die Arbeitsplätze verbessert, weil er, freiwillig oder bedingt durch eine Notsituation, daran arbeiten musste.

Solche überraschenden Geschenke an die Mitarbeiter müssen Sie aber entsprechend kommunizieren. Vor allem dann, wenn eventuell schon lange Vorschläge vom Team da waren.

Gibt es Treffpunkte, wo Ihre Mitarbeiter zusammenkommen können, um sich auszutauschen? Wie sind die Pausenräume gestaltet? Würden Sie sich darin gerne aufhalten? Ein kleiner Tisch irgendwo in der Ecke erfüllt diese Ansprüche sicher nicht.

Mehr Motivation durch optimal ausgestattete Arbeitsplätze!

Wo immer es möglich ist, sollte auch ein Platz im Freien zur Verfügung stehen; denn dort ist das immer strittige Thema Rauchen keines mehr.

Welche Angebote können Sie Ihren Mitarbeitern noch machen, damit sie sich wohl fühlen? Denken Sie beispielsweise an kostenlose Getränke für alle oder an gemeinsamen Sport. Oder an die Nutzung der Infrastruktur im Freizeitbereich. In der Ferienhotellerie sucht manchmal ein Gast einen Tennispartner: Vielleicht hat ein Mitarbeiter in seiner Freizeit Lust, mit dem Gast zu spielen?

Fordern Sie Ihre Mitarbeiter nach ihren Talenten und Neigungen heraus. Jeder hat Lieblingsbeschäftigungen, die ein anderer vielleicht gar nicht mag. Prüfen Sie sich hin und wieder, ob Sie die Betriebsangehörigen genügend fordern. Achten Sie dabei aber auch darauf, sie nicht zu überfordern.

Wie weit können Sie den Dienstplan nach Mitarbeiterwünschen gestalten?

Nutzen Sie für Ihre Arbeitnehmer alle Steuervorteile aus, die möglich sind, wie Nacht-, Sonn- und Feiertagszuschläge? Der Preis dafür sind genaue Aufzeichnungen, deshalb verschenken manche Firmen das bare Geld ihrer Mitarbeiter. Fragen Sie Ihren Steuerberater, welche Vorteile Sie Ihren Angestellten verschaffen können, die Sie als Betrieb überhaupt nicht belasten.

Geben Sie regelmäßig Feedback über das Erreichen der gemeinsamen Ziele und besonders über das Erreichen der persönlichen Ziele des Mitarbeiters. Welchen Teil zum Ganzen wollte er beitragen? Ein Mitarbeiter will wissen, wo er steht.

Mitarbeiter werden körperlich manchmal überfordert, geistig aber häufig unterfordert

Führungsstile

Ich nähere mich in diesem Buch wegen der Kürze diesem Thema sehr plakativ. In der Fachliteratur gibt es drei grundsätzliche Arten, Menschen zu führen:

Der autoritäre Führungsstil

Dieser Führungsstil wird heute auch oft als der ALTE bezeichnet. Übrigens wird bei diesem Stil auch der Chef häufig so tituliert. Wenn ich in den Betrieben trainiere, sehe ich erschreckend viele junge Chefs, die den ALTEN Stil leben. Bei genauerem Hinsehen ist häufig erkennbar, dass diesem Verhalten eine große Unsicherheit vorausgeht. Nach dem Motto: „Ich bin der Chef, also muss ich alles besser wissen." Nur keine Schwäche zeigen, um nicht das Gesicht zu verlieren. Es dauert eine Weile, bis das als Irrtum erkannt und akzeptiert wird. Viel Führungsporzellan wird bis dahin zerschlagen. Erst die Sicherheit in der Betriebsführung und einige Erfahrung als Führungskraft verändern das Verhalten.

Der Ausübung des autoritären Führungsstils geht oft eine große Unsicherheit voraus

Kennzeichen dieses Stils:

▶ Der autoritäre Führungsstil ist geprägt durch Machtausübung. Manche Menschen haben noch nicht erkannt, dass Machtausübung eher eine Schwäche darstellt.

▶ Entscheidungen werden vom Inhaber oder der Familie allein getroffen, die Meinung und Erfahrung der Mitarbeiter zählt nicht.

▶ Die Hierarchie wird streng eingehalten.

▶ Der Mitarbeiter wird nicht als Persönlichkeit gesehen, sondern eher als „Mittel zum Zweck" oder, noch schlimmer, als „notwendiges Übel".

▶ Die Durchführung der Anordnungen wird genau und pedantisch kontrolliert.

▶ Perfektion ist angesagt, auch dort, wo es keine Rolle spielt. Es geht zuerst um „Recht haben".

▶ Den Mitarbeitern wird keine Möglichkeit eingeräumt, Anordnungen zu hinterfragen.

Der kooperative Führungsstil

Der größte Unterschied zum autoritären Führungsstil liegt in der Einstellung dem Menschen gegenüber. Dabei wird die Persönlichkeit des Einzelnen respektiert. Machtausübung ist ein Fremdwort. Natürlich gibt es auch Regeln, die eingehalten werden müssen. Das wird aber nicht durch Macht erreicht, sondern durch Logik und gemeinsame Zielarbeit.

Kennzeichen dieses Stils:

▶ Ziele werden nach Möglichkeit mit den Mitarbeitern gemeinsam erarbeitet.

▶ Entscheidungen werden nach Rücksprache mit den Mitarbeitern getroffen.

▶ Aufgaben und Teilverantwortung werden delegiert.

Gute Mitarbeiter
sind besser motiviert,
da sie ihre Fähigkeiten
auch unter Beweis
stellen können

▶ Der Einzelne kann mehr über das Wie seiner Arbeit entscheiden. Wichtig ist nur das Was – das Erreichen der Ziele wird kontrolliert. Bei Problemen gibt es Unterstützung.

▶ Ziele werden neu überdacht, wenn die Erreichung schwierig erscheint.

▶ Es findet eine wirkliche Kommunikation statt.

Wenn Sie sich diese Aufzählung anschauen, werden Sie unschwer auch einen Zusammenhang zwischen Arbeitsgruppen und Teams erkennen.

Der „Laisser-faire"-Stil

Die lange Leine – oder der „verlassene Mitarbeiter".

Die lange Leine hat sich auf Dauer nicht bewährt. Allein Werbeagenturen mit kreativen Einzelkämpfern kommen mit diesem Stil zurecht.

Manchmal kommt dieser Stil gut maskiert daher. Zuerst denkt man an den kooperativen Führungsstil. Doch er unterscheidet sich in ganz wesentlichen Parametern davon. Sogar große Führungsgurus täuschen oft etwas vor, das erst auf den zweiten Blick enttarnt werden kann.

WICHTIG

Schauen Sie sich einmal das große Guru-Gequake genauer an, ob hier wirklich kooperativ geführt oder eher die lange Leine verwendet wird.

Kennzeichen der langen Leine:

▶ „Der Vorgesetzte" versteht sich als Inputgeber – die Verteilung der Aufgaben und deren Erledigung überlässt er anderen.

▶ Die persönliche Freiheit des Mitarbeiters ist sehr groß. Das erfordert sehr reife Menschen, die damit umgehen können.

▶ Bei Problemen erhalten die Mitarbeiter keine Unterstützung vom Chef. „Ihr wisst, was ich will, also macht mal ..."

▶ Über vorhandene Ressourcen macht sich der Chef überhaupt keine Gedanken.

▶ Da der Chef auch nicht auf die Gruppendynamik achtet, passieren in der Gruppe Machtkämpfe. Schwächere werden manchmal von den Stärkeren regelrecht tyrannisiert.

- Es gibt oft einen informellen Führer der Gruppe, der aber nicht unbedingt die Interessen des Betriebs vertritt.
- Abteilungen versuchen, sich im Kampf gegeneinander zu profilieren, ohne die Firma als Ganzes zu sehen.
- Häufige Konflikte sind vorprogrammiert, da die Ressourcen und deren Verteilung selbst geschaffen werden müssen.
- Bei der Kontrolle zählt nur das Ergebnis. Und dann gibt es eigentlich nur Gemeckere bei der Rückmeldung, denn ohne Ressourcen können die besten Teams nichts leisten!

Ideal wäre es, alle drei Führungsstile draufzuhaben und diese situativ einzusetzen. Wenn im Betrieb gemeinsame Ziele und Spielregeln vorhanden sind, wird der kooperative Führungsstil überwiegen. Wenn aber das Haus brennt, wird wohl der autoritäre Stil der einzig richtige sein. Hier geht es eben um eine sofortige und autoritäre Entscheidung, ohne Wenn und Aber. Bei der Organisation des Spaßes für den Jahresausflug könnte ich auch mit der langen Leine leben.

Kritisch wird es in Familienbetrieben, in denen die Mitglieder ihre Rollen nicht genau definiert haben und jeder einen anderen Stil pflegt. Da holen sich die Mitarbeiter nach Bedarf „ihren richtigen Ansprechpartner".

Die komplette Konfusion tritt dann ein, wenn es auch noch zu ein und derselben Sache drei verschiedene Anweisungen und Ansichten gibt.

Es besteht ein direkter Zusammenhang zwischen dem eigenen Menschenbild und dem Führungsstil. Ein Denkansatz lautet: Der Mensch ist gut. Wenn ich davon ausgehe, dass jeder immer das Beste nach seinen momentanen Möglichkeiten leistet, bin ich auch bereit, diesen zu unterstützen. Dadurch entsteht eine ganz eigene „Führungsatmosphäre". In Betrieben mit kooperativer Führung wird die Stimmung auch bei einem Fehler noch erträglich sein. Keiner unterstellt, dass dieser Fehler aus Bösartigkeit und mit Absicht gemacht wurde.

Bei der Fehleranalyse geht es daher vorerst um Ursachenforschung: „Warum ist dieser Fehler passiert?" und nicht um den Sündenbock. Anders herum wird in Unternehmen mit autoritärer Führung die Frage „Wer war das?" immer

Das eigene Menschenbild prägt den Führungsstil

169

zuerst gestellt. Warum das nun passiert ist, interessiert eigentlich keinen. Die Mitarbeiter versuchen deswegen Fehler zu vertuschen. Dadurch entsteht eine negative Stimmung, die dem Betrieb langfristig sicher nicht gut tut.

Welche Frage stellen Sie?
„Wer hat das gemacht?" „Warum ist das passiert?"

„Führungskatastrophe"
Notizen aus einer Betriebsanalyse
- ▶ Es gibt eine Führungsschwäche im Abteilungsleiter bereich, sowohl in der Küche als im Service. Beide, der Küchenchef und der Restaurantleiter, sind Top-Fachleute mit internationaler Erfahrung.
- ▶ Es wird zu wenig Zeit für Mitarbeitergespräche aufgewendet. Der Unternehmer sagt um des lieben Friedens willen wenig zu den Abteilungsleitern. Er fühlt sich selbst fachlich unterlegen und meidet daher klare Aussprachen.
- ▶ Es werden Leistungen akzeptiert, die mit der angestrebten und beworbenen Betriebsphilosophie nicht zusammenpassen. Der Küchenchef ist überzeugt, dass die Gäste seine Kunst einfach mehr „würdigen müssen".
- ▶ Profil und Ziele des Betriebs sind nur vage definiert. Es gibt keine schriftlichen Aufgabenbeschreibungen. Es ist nicht einmal geklärt, wer was darf (zum Beispiel einkaufen!).
- ▶ Das Inhaberehepaar vertritt verschiedene Ansichten und gibt aus diesem Grund auch verschiedene Anweisungen. Die Chefin verhält sich autoritär, der Chef benutzt die lange Leine. Bei der Einstellung der beiden Mitarbeiter wollten die Unternehmer beste Fachkräfte, denn „führen können sie selber".

Es sind nur wenige, aber sehr verhängnisvolle Fehler passiert. Diese hätten den noch jungen Betrieb beinahe ruiniert.

Die Auflösung des Falls:
Das Missverständnis der Eigentümer lag darin, dass sie dachten, mit Top-Fachkräften ihre Ziele erreichen zu können. Da diese aber viel zu ungenau definiert waren,

musste erst ein Umdenken bei den Inhabern erfolgen, was wichtig ist: Zuerst eigene Zielarbeit!

Dass die Abteilungsleiter ihr Team sehr wohl führen müssen, wurde akzeptiert. Die Erkenntnis, dass fachliche Qualitäten nicht selbstverständlich auch Führungskompetenz enthalten, war schmerzlich, aber hilfreich. Nach dieser missglückten Mitarbeiterauswahl wurden Anforderungsprofile, die auch auf Führungsqualitäten eingehen, erstellt. Schwierig ist immer noch das Abstecken der Bereiche zwischen dem Ehepaar und das Akzeptieren und Koordinieren des jeweils anderen Führungsstils.

Das ist eine ganz normale Entwicklung, die einfach Zeit braucht.

Freiraum schaffen durch Delegieren

Bei welchem Führungsstil sehen Sie hier Möglichkeiten? Welche Ansätze sehen Sie in Ihrem eigenen Betrieb?

Um nicht delegieren zu müssen, gibt es immer eine Ausrede. Die besten und häufigsten davon:

► Ich habe doch keine Zeit zum Erklären ...
► Bis ich das erklärt habe, habe ich es selbst dreimal gemacht ...
► Die können das doch nicht richtig ...
► Die wollen das doch nicht ...

In allen Ausreden steckt nur eine einzige Aussage: Ich kann nicht delegieren, ich bin dazu nicht in der Lage, weil ich manches nicht erklären kann! Mich erinnert es ein wenig an den Witz, in dem ein Holzfäller mit der stumpfen Säge arbeitet, weil er „keine Zeit zum Feilen hat".

Setzen Sie Vertrauen in Ihre Mitarbeiter!

Was ich heute nicht delegiere, muss ich morgen und übermorgen auch noch selbst machen. Ich muss natürlich zwischen delegierbaren und nicht delegierbaren Aufgaben unterscheiden. „Was will ich los werden?", fragt Hanns-Konrad Winkler. Die Lieblingsaufgaben des Chefs – soll er sie doch behalten. Es bleibt genug übrig zum Delegieren. Erst wenn Aufgaben und Verantwortung übertragen werden, bleibt Freiraum für das Wesentliche!

„Schenken Sie Vertrauen, und erwarten Sie das Gute." So lautet die sich selbst erfüllende Prophezeiung nach Watzlawick. Hüten Sie sich vor dem Umkehrschluss einer negativen Erwartung, sie fällt Ihnen auf den eigenen Kopf!

Situatives Führen
Entwicklungsphasen der Mitarbeiter und Führungsmethoden

Das Prinzip des situationsbezogenen Führens von Mitarbeitern geht davon aus, dass unterschiedliche Situationen auch unterschiedliche Führungsstile und -aufgaben erfordern. Es gibt keine beste oder ideale Führungsmethode, die immer effektiv, also erfolgreich ist. „Situatives Führen" ist demnach nichts anderes, als auf die besondere Situation eines einzelnen Arbeitnehmers einzugehen. Genau genommen bedeutet situatives Führen das „Entwickeln von Mitarbeiterkompetenz". Am anschaulichsten kann ich es an der „Entwicklungsuhr" eines Mitarbeiters darstellen. Sie werden dabei wahrscheinlich eine Antwort auf die immer wieder gestellte Frage erhalten:

„Jeder Mitarbeiter ist motiviert, wenn er bei uns anfängt – oder etwa nicht?" Wenn Sie nun von ein paar Ausnahmen absehen, die Ihnen eventuell das Arbeitsamt „verordnet" hat, lautet die Antwort uneingeschränkt ja. Wie geht es aber dann weiter?

Aussage: „Zuerst hat er so einen guten Eindruck gemacht, war so voller Power, aber jetzt ..."

Was ist passiert?

Jeder Mitarbeiter durchläuft vier Phasen

Jeder Mitarbeiter durchläuft in unserem Betrieb vier Phasen. Diese treffen nachgewiesen auf alle zu. Ein neuer Mitarbeiter beginnt natürlich immer beim Einstieg. Ihre langjährigen Angestellten befinden sich irgendwo auf der Skala von 2 bis 4. Nach der Beschreibung der einzelnen „Entwicklungsschritte", denn das sind die Phasen in Wirklichkeit, werden Sie in der Lage sein, Ihre Mitarbeiter einzuordnen. Ihr eigenes Verhalten oder das Ihrer Führungskräfte entscheidet letztendlich, ob Sie von Ihren Mitarbeitern das gesamte Leistungspotenzial erhalten. Nachdem bei einer Untersuchung Arbeitnehmer angaben, dass sie nur etwa die Hälfte ihres Potenzials tatsächlich in den Betrieb einbringen, muss es doch eine Herausforderung an jede Führungskraft sein, mehr davon zu bekommen.

100 Prozent an Motivation gibt es nur einmal, und zwar wenn der Mitarbeiter bei Ihnen anfängt. Es liegt an Ihnen, wie viel davon erhalten bleibt! Wie viel Leistung dann der Neue tatsächlich bringt, hängt einmal von seinen Vorkenntnissen ab und davon, wie gut Sie ihn für Ihren Be-

trieb qualifizieren; denn den „idealen Mitarbeiter" gibt es nun einmal nicht von der Stange, den müssen Sie sich schon selbst „entwickeln". Situatives Führen hilft Ihnen dabei, systematisch die fachliche Kompetenz und die Motivation der Angestellten zu verbessern.

Die vier Phasen sind
- ▶ Einstieg
- ▶ Ernüchterung
- ▶ Aufbruch
- ▶ Leistung

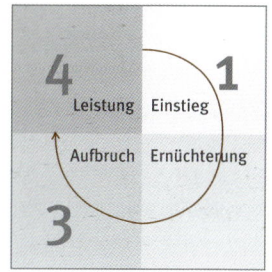

Der Einstieg
Am Anfang ist der Leistungswille sehr hoch, die Motivation liegt bei oder gegen 100 Prozent. Natürlich ist die Kompetenz für Ihren Betrieb aber eher gering. Sie haben sich bei der Mitarbeiterauswahl für den am besten geeigneten Bewerber entschieden. Aber was kann er wirklich? Idealerweise sollten wir uns das Unternehmen genauer anschauen, aus dem er kommt. Aber wer hat dazu die Zeit? Ich empfehle deshalb, wenigstens einmal im Internet oder in Prospekten zu prüfen, wie sich der Betrieb darstellt. Junge Mitarbeiter haben oft nur einen Betrieb als Vergleich und halten die bisherigen Erfahrungen für die einzig richtigen. Der Neue will leisten – kann es aber häufig noch nicht. Er kennt unsere Regeln und Spiele noch nicht. Was ist hier los – was muss ich wie tun?
Wo finde ich was – wie funktioniert die Kasse?
Fragen über Fragen …

Junge Mitarbeiter halten die bisherigen Erfahrungen für die einzig richtigen

Ihre Führungsaufgabe: Orientieren
Geben Sie dem Mitarbeiter alle Informationen, die er jetzt braucht. Lassen Sie ihn jetzt nicht allein!
Sie können dem Neuen einen „Paten" zur Seite stellen, der ihn so lange begleitet, bis er von sich aus meint, jetzt alle wichtigen Informationen für einen erfolgreichen Start zu haben.
Verfolgen Sie die Entwicklung mit einem wachsamen Auge, und bleiben Sie vor allem im Gespräch mit ihm.
Mein abschreckendstes Beispiel aus der Praxis: Muttertag – und eine neue Mitarbeiterin im Mittagsgeschäft mit einer eigenen Station …

Der Pate muss Ihre Anforderungen und Spielregeln zuverlässig vermitteln können

Die Ernüchterung

Nach jeder Anfangseuphorie folgt der Kater. Das passiert bei jedem neu Eingestellten, ob jung oder älter, erfahren oder noch ganz unverbraucht. Je anspruchsvoller der Mitarbeiter an sich selbst ist, umso größer fällt der Katzenjammer aus. Er hat seine Unschuld verloren. Die Motivation stürzt in den Keller. Wie in einer Partnerschaft, wenn die rosa Brille zerbröselt ist. Was ist los?

Jetzt weiß man schon einiges, wie es hier so läuft – aber reicht das, was man kann?

Aber das kenne ich doch ganz anders!

Ist das überhaupt der Betrieb, den ich erwartet habe?

Was muss ich noch alles lernen?

Passe ich überhaupt hier dazu?

Die Kollegen sind aber manchmal ungeduldig ...

Wieder Fragen über Fragen und Zweifel an allem.

Sie bemerken, dass die Motivation im Keller ist.

Ihre Führungsaufgabe

Erläutern und erklären Sie (oder der Pate) so viel wie möglich. Verlieren Sie nur nicht die Geduld.

Geben Sie Hintergrundinformationen: „Wissen Sie, warum wir das so machen?"

Bauen Sie Verständnis für Regeln und Zusammenhänge auf, und hinterfragen Sie einzelne Aufgaben, um sie zu überprüfen. Die Kompetenz wächst langsam, der Leistungswille bleibt aber nur erhalten, wenn Sie den Mitarbeiter weiter begleiten! Jetzt ist auch der Zeitpunkt für ein „Entwicklungsgespräch" und für ein gemeinsames Resümee gekommen.

Wie lange darf diese Phase dauern? Meine Erfahrung ist, wenn ein Mitarbeiter vorher sehr lange in einem Betrieb war, kann es mehrere Monate dauern, bis er „angekommen" ist. Lassen Sie das zu. Der Satz, der Sie wahrscheinlich nervt: „Bei UNS haben wir das so gemacht", wird immer seltener gebraucht. Erst wenn Sie ihn gar nicht mehr hören, ist der Mitarbeiter ganz bei Ihnen.

WICHTIG

Ihr Verhalten entscheidet darüber, ob der Mitarbeiter in dieser Phase stecken bleibt, oder ob er weiter geht! Am wichtigsten: Ein Gespräch, wie er sich selbst, seine Entwicklungschance und den Betrieb momentan sieht.

Der Aufbruch

Die Leistung schwankt immer noch und muss erst gefestigt werden. Manchmal haben Sie den Eindruck, der Mitarbeiter weiß und kann schon vieles. Aber dann passieren wieder Fehler, die Sie nicht erwarten. Sie können bereits bestimmte Teilaufgaben delegieren. Sie haben den Eindruck, dass die Motivation und der Spaß an der Arbeit wieder da sind.

Ihre Führungsaufgabe

Beteiligen Sie den Mitarbeiter. Lassen Sie ihn Teilaufgaben alleine bewältigen, und übergeben Sie ihm dafür auch schon die Verantwortung. Sie müssen aber immer noch kontrollieren und eventuell nachbessern, wenn Sie erkennen, dass etwas noch nicht in Ihrem Sinn läuft.

Wichtig ist dabei, dass Sie zuerst das anerkennen, was schon richtig ist. Vielleicht findet der Mitarbeiter heraus, was noch nicht stimmt? Fördern Sie ihn durch Anerkennung der erreichten Teilziele!

Die Leistung

Fähigkeit und Bereitschaft zur Leistung sind vorhanden. Durch das Können entsteht das Wollen.

Der Mitarbeiter ist nun ein vollwertiges Mitglied unseres Teams.

Erst wenn ich weiß, wie etwas geht und ich es auch kann, werde ich es TUN

Ihre Führungsaufgabe

Delegieren – übergeben Sie Aufgaben vollverantwortlich, und unterlassen Sie das Hineinregieren.

Vergessen Sie nie: Lob motiviert jeden!

Vernachlässigen Sie deshalb auch Ihre langjährigen Mitarbeiter nicht bei der Überprüfung von erreichten Zielen, und melden Sie Erfolge zurück. Einer der häufigsten Vorwürfe der Mitarbeiter an ihre Chefs lautet nämlich: „Wenn es gut geht, hör ich nichts, aber wehe, es läuft mal nicht so."

Das ist wie mit dem Minus auf dem Konto. Wie lange können Sie abheben? Also füllen Sie das Konto mit ehrlichem und echtem Lob auf, um in nicht so guten Zeiten Reserven zu haben.

Der Minutenmanager empfiehlt dazu: Erwischen Sie Ihren Mitarbeiter bei guten Taten!

WICHTIG

Können Sie nun Ihre Mitarbeiter den einzelnen Phasen zuordnen? Die Mitarbeiter, die ihr Potenzial nicht voll einsetzen, stehen immer auf Phase zwei!

W-K-W-Formel in der Führung
Wissen, Können und Wollen – die verkannten Drillinge in der Leistung.

Jeder Mitarbeiter muss über drei Stufen gehen

1. Stufe: WISSEN
► Was wird hier genau erwartet?
► Was bedeutet diese Aufgabe konkret?
► Was ist damit gemeint?
Wissen ist aber Theorie. Was ich weiß, muss ich noch lange nicht können. Unser Schulsystem hat uns hier schlicht verbildet. Immer noch bekommt man gute Noten für „Aufsagen". Die tatsächliche Umsetzung in die Praxis wird selbst in unseren Berufsschulen noch wenig bewertet. Angeblich ist das so schlecht „messbar". Wissen allein ist aber Müll!

2. Stufe: WISSEN und KÖNNEN
► Hat der Mitarbeiter auch die nötigen Kenntnisse und Fertigkeiten?
Nicht jede Fachkraft ist auch tatsächlich mit diesem Prädikat zu versehen. Einige Betriebe dürften nach meiner Meinung überhaupt keine Lehrlinge beschäftigen, weil sie schlicht dazu nicht in der Lage sind, diese auszubilden. Deswegen muss ich immer, wenn der Mitarbeiter angeblich „nicht will", zuerst das Können überprüfen. Fehlt es, muss ich es in meinem Sinn vermitteln.

3. Stufe : WISSEN, KÖNNEN und WOLLEN und immer tun
In der Praxis wird oft die 2. Stufe übersehen, einfach etwas als selbstverständlich erwartet – ohne zu überprüfen, ob das auch tatsächlich zutrifft.
Dadurch trifft das Wollen nie ein!

In einem sehr gastorientierten Landhotel sollten die Frühstückseier à la minute von den Mitarbeiterinnen gekocht werden – punktgenau auf Wunsch des Gastes. Alle schafften das, bis auf die Dienstälteste – da klappte das einfach nicht. Können Sie sich vorstellen, dass sie sich einfach nicht zu sagen getraute, dass sie diese Aufgabe schlicht überforderte? Die Chefin war der Meinung, eine Vierzigjährige wird doch Eier kochen können, das kann man doch nicht hinterfragen! Und ihrer Mitarbeiterin war es einfach peinlich, das auch so zu sagen. Ein einfacher Eierkocher hat ihr Problem zur Zufriedenheit aller gelöst.

Schauen Sie wirklich bei den banalsten Arbeiten einmal genauer hin; zum Beispiel trägt fast jeder Gastgeber ein Getränketablett mit Flaschen und Gläsern verkehrt herum!

Fragebogen zur Analyse Ihrer eigenen Führungsqualitäten

In der Managementlehre gibt es den Begriff der Vorgesetzten-Beurteilung oder Vorgesetzten-Einschätzung. Darunter versteht man ein strukturiertes Instrument, das es Mitarbeitern ermöglicht, ihren Chef nach seinen Führungsqualitäten zu beurteilen. Es bringt auch zum Ausdruck, wie es um den Kommunikationszustand des Teams bestellt ist. Darauf haben die besten Mitarbeiter schon lange gewartet. Zuerst gab es große Unruhe in den Chefetagen. Besonders das mittlere Management fand es gar nicht amüsant, sich von ihren „Untergebenen" bewerten zu lassen. Nun haben sich die Wogen geglättet. Ich habe für Sie aus etwa 250 Fragen nur 17 mir besonders aussagekräftig erscheinende ausgewählt.

Wenn Sie nun von Ihren Mitarbeitern ein Zeugnis bekommen würden, wie wären folgende Fragen wohl beantwortet? – Spieglein, Spieglein an der Wand …

1. *Mein Chef hat mich über die wichtigsten Ziele des Betriebs informiert*
   |a| ja, ganz klar
   |b| ein wenig
   |c| eher nicht
   |d| überhaupt nicht

2. *Wenn im Betrieb etwas geändert wird, erhalten wir Anweisungen ohne vorherige Information*
   |a| passiert nie
   |b| passiert eher selten
   |c| passiert manchmal
   |d| ja, immer

3. *Wenn im Betrieb etwas geändert wird, wird vorher mit uns Mitarbeitern darüber gesprochen*

3.1 *... wir können unsere Meinung dazu äußern*
   |a| ja, ausführlich
   |b| wenig
   |c| eher nicht
   |d| überhaupt nicht

3.2 *... unsere Meinung wird bei Entscheidungen berücksichtigt und nach Möglichkeit umgesetzt*
   |a| ja, immer
   |b| manchmal
   |c| eher nicht
   |d| überhaupt nicht

4. *Ich werde über Ergebnisse informiert*

4.1 *... über Erreichung von gesteckten Zielen oder Veränderungen*
   |a| ja, immer
   |b| manchmal
   |c| eher nicht
   |d| überhaupt nicht

4.2 *... über Betriebsergebnisse und Bilanzen*
   |a| ja, ganz offen
   |b| ein wenig
   |c| eher nicht
   |d| überhaupt nicht

5. *Ich erhalte wichtige Aufgaben eigenverantwortlich übertragen*
   |a| ja, häufig
   |b| manchmal

|c| eher nicht

|d| überhaupt nicht

5.1 ... *diese sind klar und verständlich für mich formuliert bzw. ich kann bei Nichtverstehen ausführlich nachfragen*

|a| ja, immer

|b| meistens

|c| eher nicht

|d| überhaupt nicht

5.2 ... *diese berücksichtigen meine persönlichen Fähigkeiten und fordern mich*

|a| ja, immer

|b| meistens

|c| eher nicht

|d| überhaupt nicht

5.3 ... *mein Chef fragt nach, wie es mir mit der Aufgabe geht*

|a| ja, immer

|b| meistens

|c| eher nicht

|d| überhaupt nicht

5.4 ... *ich erhalte die nötige Unterstützung bei Schwierigkeiten*

|a| ja, immer

|b| meistens

|c| eher nicht

|d| überhaupt nicht

5.5 ... *mein Chef mischt sich ungefragt ein*

|a| überhaupt nicht

|b| eher nicht

|c| meistens

|d| ja, immer

5.6 ... *bzw. macht die Aufgabe oft selbst „RICHTIG"*

|a| überhaupt nicht

|b| eher nicht

|c| meistens

|d| ja, immer

5.7 ... ich erhalte auch Lob für den Fortschritt vor Abschluss einer Aufgabe
|a| ja, immer
|b| meistens
|c| eher nicht
|d| überhaupt nicht

5.8 ... der erfolgreiche Abschluss einer Aufgabe wird beachtet und gewürdigt
|a| ja, immer
|b| meistens
|c| eher nicht
|d| überhaupt nicht

6. Wenn etwas gut gelaufen ist, steckt der Chef dafür die
Lorbeeren ein
|a| er teilt den Erfolg mit den Beteiligten
|b| eher nicht
|c| meistens
|d| ja, immer

7. Wenn etwas schief gelaufen ist, wird uns die Schuld
daran gegeben bzw. die Schuld bei uns gesucht
|a| es wird zuerst versucht, die Ursache herauszu-
finden, es gibt keine Schuldzuweisungen
|b| eher nicht
|c| meistens
|d| ja, immer

Wie sehen wir
uns selbst,
wie sehen uns
die anderen?

Sie sollten diese „Chefbeurteilung" einmal selbst über
sich machen und dann von verschiedenen Mitarbeitern
ausfüllen lassen. Erklären Sie den Sinn der Maßnahme:
Es geht vor allem darum, Selbstbild und Fremdbild zu erkennen. Welche Meinung haben wir von uns selbst – wie
sehen uns die anderen?
Falls Sie in einigen Punkten sehr stark abweichen, müssen Sie diese unbedingt bearbeiten!
Wenn es Punkte sind, auf die die Mitarbeiter sehr viel
Wert legen, haben Sie Veränderungsbedarf, wenn Sie sich
besser als Ihre Mitarbeiter beurteilt haben!

Auswertung:
- |a| 3 Punkte
- |b| 2 Punkte
- |c| 1 Punkt
- |d| kein Punkt

Unter 20 Punkten:
Holen Sie sich eine
Führungskraft –
Sie selbst sind es nicht!

Höchstmögliche Punktzahl: 51 (17 x |a|).

Was nützt nun so eine Chefbeurteilung?

In den Betrieben wurden bisher mehrere Effekte nachgewiesen: Die Chefs bemühen sich um eine qualifiziertere Führung, da sie vorher vieles unbewusst „falsch" gemacht haben. Es kommt zur Verbesserung des Betriebsklimas durch das Aufbringen von gegenseitigem Verständnis. Versteckte Konflikte werden aufgedeckt. Es gibt auch konstruktive Lösungsansätze für anstehende Probleme. Es ergibt sich eine gegenseitige Motivation. Beide Seiten brauchen Lob und Kritik voneinander. Kritik wird wesentlich behutsamer und mit Achtung der Person ausgesprochen. Die Teams halten besser zusammen. Dadurch leisten sie auch mehr. Langfristig erwarten die Betriebe durch diese Ergebnisse auch bessere Bilanzen.

Leider ist es nie in tatsächlichen Zahlen messbar, was Führungsfehler kosten. Ansonsten würde so mancher mit seinen Mitarbeitern genauso achtsam und pfleglich umgehen wie mit seinen Maschinen. Wie warten Sie Ihre Geräte? Und wie Ihre Mitarbeiter?

Bei einer Maschine erkennt auch ein Laie bald, wenn sie nicht optimal läuft. Wann wird endlich ein Mitarbeiter-Potenzial-Messgerät entwickelt?

WICHTIG

Quergedacht

Wünsche, die nicht artikuliert werden, können auch nicht erfüllt werden. Was im persönlichen Umgang jedes Einzelnen gilt, gilt erst recht für die Gastronomie. Aus diesem Grund erkundigen sich die Gastgeber immer wieder, ob der Gast noch Wünsche hat. Oft werden auch noch Informationen nachgereicht, wenn der Gast bereits gespeist hat. Den sinnlichen Geschmack im Gaumen, lassen sich manche Feinheiten des Menüs noch nachträglich erfahren.

Dieses Buch ist nun auch kurz vor der Abrundung. Als Gastgeberin für die Lektüre frage ich noch einmal nach und erkundige mich, ob es mit den Tipps gepasst hat.

In diesem Buch sind über 200 Tipps formuliert, teils als Randanmerkung, teils im Text. Wie Sie bemerkt haben, erfolgt der Umgang mit Tipps auf drei Bewusstseinsstufen. Im ersten Schritt nicken Sie indirekt und nehmen die Tipps zustimmend zur Kenntnis. Im nächsten Schritt setzen Sie die für Sie passenden Tipps in Aktivitäten um. Im letzten Schritt formulieren Sie die angewandten Tipps in Ihrer eigenen Sprache und geben sie Ihrerseits als Tipp weiter.

Und so entsteht mit der Zeit ein Netzwerk der Gastronomie, in der es hohe Standards und ausgeprägten Optimismus gibt. Ich sammle auf jeden Fall weiter Tipps und werde meinen Beitrag zum Netzwerk aus Überzeugung leisten.

„Das geht bei mir nicht, weil ...“

DPV®: „Wenn's bei anderen geht, warum eigentlich bei mir nicht?“ Oder: „Was, das gibt's noch gar nicht? Probieren wir es einfach aus!“ Schon lange versuche ich die Frage zu beantworten, warum die Gastronomie manchmal so unflexibel mit neuen Themen und Ideen umgeht. Den Vogel haben bei mir Gastronomen aus einer Nation abgeschossen, die einmal als Gastro-Weltmeister berühmt war.

Thema Tischkultur:

„Bringen Sie uns neue Ideen.“ – „Dafür bin ich eigentlich gekommen.“

Nach kurzer Zeit: „Aber die klassischen Regeln müssen Sie schon einhalten, das geht niiicht soooo bei uns!“ – „Was darf ich tun?“ – „Ja, neue Ideen zur Tischkultur zeigen, aber doch nicht so!“

Ist es Angst, sich vor dem Gast zu blamieren? Haben Gastronomen wirklich so wenig Selbstbewusstsein? Kann es denn möglich sein, richtig edles Fun-Geschirr immer noch gleich langweilig zu arrangieren? Haben wir nichts besseres zu tun als zu diskutieren, ob die Fischgabel hochgestellt wird oder nicht?

Meine Gastronomen aus dem Seminar wollten zu Fingerfood unbedingt Vorspeisenbesteck eindecken, denn „nicht jeder will mit den Fingern essen“!

Solche erstarrten Typen – übrigens waren sehr viel junge Führungskräfte dabei – schwenken erst dann um, wenn sie

Wagen Sie die Umsetzung neuer Ideen!

selbst zufällig in ein Ambiente geraten, in dem genau das „Verbotene" getan wird und sie sogar Spaß daran haben.

Bringt endlich mehr Spaß in die Gastronomie!

Was für eine Befreiung, wenn man erkennt, worauf es wirklich ankommt, denn der Gast kommt nicht zum Langweilen zu uns, sondern genau dafür: „Wegen Spaß haben in der Gastronomie!"

Kreative und umsetzbare Ideen dafür finden Sie in dem Buch „Gastronomie der Sinne".

Motivation zum Schluss

Ich freue mich besonders über die zahlreichen Rückmeldungen und Reaktionen seit Erscheinen der ersten Auflage. Die meisten Nachfragen kommen zu meinem unkonventionellen Ansatz, den Tabulatur aus der Speisekarte zu schmeißen. Tun Sie's einfach – auch wenn Ihnen Ihr Grafiker erzählt, „das sei aber nicht schön". Wollen Sie Geld verdienen oder in Schönheit sterben?

Noch etwas: Denken Sie öfter in Euro anstatt in Prozenten. Sie wollen doch auch echte Euros verdienen. Ich wünsche Ihnen, dass es nach der Lektüre meines Buches noch viel mehr als bisher sind!

Ich freue mich weiterhin auf einen regen Austausch mit Ihnen.

An dieser Stelle danke ich allen, die mich beim Buch und bei der Ideensuche unterstützt haben.

Namentlich erwähnen will ich meine Interviewpartner Familie Ihle, Familie Weißmann, Familie Hiebl, Frau Eser, Familie Öller und Herr Winkler.

Frau Bruni Thiemeyer für ihre Geduld und die Projektbetreuung.

Meinen besonderen Dank und Wertschätzung möchte ich hier meinen zahlreichen Seminarteilnehmern, Auftraggebern und Klienten aussprechen.

Die Begegnung mit Ihnen und die Offenheit, mit der Sie mir entgegen gekommen sind, war für mich eine große Bereicherung. Ohne Sie und Ihre persönlichen Erfahrungen hätte ich den cleveren Gastronom nie schreiben können.

ANHANG

Cleveres Bücherbord

Natürlich kommen die wertvollsten Tipps in der Gastronomie aus der Szene, von Kollegen und Gästen. Fachzeitungen und -zeitschriften stellen aktuelle Trends vor und zeigen, wie Sie im Job halbwegs überleben können. Wenn Sie vier Bücher im Jahr lesen, haben Sie keinen Stress und sind immer auf der Höhe des Zeitgeistes. Hier ein paar Beispiele. Zum „über den Tellerrand schauen" und zum „auf dem Tellerrand bleiben".

Franziska Schumacher/Sabine Merz:
Gastronomie der Sinne. Kreative Ideen für Aktionen,
Events und mehr.
Stuttgart: Matthaes 2006
Anleitungen zu neuen Events und Aktionen. Ein ideales Ideenbuch für Gastronomen, die sich im zunehmend härter werdenden Wettbewerb erfolgreich behaupten wollen. Von den Basics „Welche Grundregeln sind zu beachten?" über Themen wie „Büfettaufbau und Tischoptik" bis hin zu Trends, USPs und Tischdekorationen enthält das Buch das gesamte Spektrum der Themen, die mit Events und Aktionen in Verbindung stehen.

Pierre Nierhaus / Jean-Georges Ploner:
Reich in der Gastronomie, Strategien für die Zukunft
Matthaes, Stuttgart 2008
Das richtige Konzept zur richtigen Zeit für den entsprechenden Bedarf, eine starke Marketingorientierung und ein klares Bekenntnis zur eigenen Marke sind die Voraussetzung für erfolgreiche Gastronomen. Ein durchdachtes Management, motivierende Mitarbeiterführung, starke Serviceorientierung und eine ganzheitliche Strategie aber auch unerlässlich.

Ulla Thombansen/Christine Possler:
Service mit Profit
Erfolgreiches Management von Servicequalität
Deutscher Fachverlag, Frankfurt 2008
Service muss in jedem Betrieb genau definiert werden.
Erst dann können Strategien und Wege gefunden werden,
dies auch zu leisten.

Jens-Uwe Meyer:
Das Edison Prinzip
Der genial einfache Weg zu erfolgreichen Ideen
Campus, Frankfurt 2008
Sie müssen kein Genie sein, um gute Ideen zu haben. Nur
das offene Auseinandersetzen mit Alltagsherausforde-
rungen bringt Sie weiter. „Ich habe nicht einen Tag mei-
nes Lebens gearbeitet – es war alles Spaß!"

Anja Förster/Peter Kreuz:
Alles, außer gewöhnlich
Provokante Ideen für Manager, Märkte, Mitarbeiter
Econ, Berlin 2007
„Tatsächlich würde in vielen Organisationen das Management eher nackt über Glasscherben kriechen, als etwas
wirklich Neues zu riskieren". Kommt uns doch bekannt
vor: Bitte etwas Neues für meinen Betrieb – aber zur Sicherheit schon hundertmal erprobt...

Anja Förster/Peter Kreuz:
Spuren statt Staub
Wie Wirtschaft Sinn macht
Econ, Berlin 2008
„Geh nicht nur die glatten Straßen. Gehe Wege, die noch nie-
mand ging, damit Du Spuren hinterlässt, nicht nur Staub." –
Die konsequente Fortsetzung des vorherigen Buches.

Gregor Weber:
Kochen ist Krieg!
Am Herd mit deutschen Profiköchen
Piper, München 2009
Das Buch sollten Gastronomen, Mitarbeiter und auch Gäste lesen. Jeder wird sich daraus sein eigenes Bild über die Gastronomie malen. Zustimmung, Ablehnung? Auf jeden Fall aufregend!

Martin Suter:
Der Koch
Diogenes, Zürich 2010
Kein Fachbuch, aber Martin Suter steht für humorvolle „Auszeit" – nach einem anstrengenden Tag zu lesen. Weltweite Finanzkrise, Bürgerkrieg in Sri Lanka und eine Firma, die in aller Verschwiegenheit boomt: Love food für's Tête-à-tête. Suchen Sie nicht schon lange das Rezept?

John Streckelecky:
Das Cafe am Rande der Welt
Deutscher Taschenbuchverlag, München 2009
Eine Erzählung über den Sinn des Lebens. Ein unerwarteter Stau auf dem Highway zwingt zu einem Umweg. Doch dieser führt direkt zum Nachdenken über das eigene Leben.

Clevere Links
www.abseits.de
Das ausführlichste und informativste Branchenportal!
www.bankettprofi.de
Organisationshilfe für die täglichen Hausaufgaben.
www.matthaes.de – *Bücher, Zeitungen, Brancheninfos.*
Dienstleistung für die Gastronomie.
www.gastro-profit-check.de
Das sofort einsetzbare Online-Kalkulationsprogramm.

Seiten der Betriebe, die ab Seite 29 interviewt wurden:
www.linde-wildenbruch.de   www.weichandhof.de
www.landgasthaus-schanz.de   www.winkler-braeu.de
www.schlossgut-odelzhausen.de   www.wald-vogel.de

Auflösung Teamcheck (zur Seite 164)

Was zeichnet ein Team aus?

- Kommunikation erfolgt frei und ungezwungen. Meinungen werden offen ausgesprochen.
- Fehler werden zugegeben und behoben.
- Mitarbeiter werden in die Zielfindung einbezogen.
- Jeder arbeitet eigenverantwortlich an der Erreichung eines gemeinsamen Ziels.
- Die Mitarbeiter fühlen sich für ihre Arbeit und ihre Aufgaben persönlich verantwortlich.
- Die Mitarbeiter erkennen individuelle Leistungen an.
- Bei Problemen sucht man die Ursache und nicht den Sündenbock.

Welche Situationen treffen auf die Arbeitsgruppe zu?

- Mitarbeiter arbeiten meist unabhängig voneinander, Aufgaben überschneiden sich.
- Die Mitarbeiter kennen die Aufgaben und Probleme von anderen Abteilungen nicht.
- Konflikte werden nicht ausgetragen, sondern mitgeschleppt.
- Kritik wird als persönlicher Angriff gewertet.
- Den Mitarbeitern werden Ziele vorgegeben.
- Gegenseitige Unterstützung muss eingefordert werden, damit sie passiert.
- Es gibt häufig Schuldzuweisungen bei Problemen.
- Die Mitarbeiter sehen ihre Arbeit als etwas, was eben getan werden muss.
- Unstimmigkeiten werden sehr persönlich und verletzend ausgetragen.

Die zentrale Frage für Unternehmer:
Was kann ich heute tun, um morgen noch erfolgreicher zu sein?

Maßnahmen:	Termin:
�‣ Aussenfassade	
�‣ Eingangsbereich	
�‣ Angebotspräsentation	
�‣ Raumatmosphäre	
�‣ Aufmerksamkeit für den Gast	
�‣ Attraktivität meines Speisen - und Getränkeangebotes, Qualitätskontrollen	
�‣ Optimale Öffnungs- und Küchenzeiten	
�‣ Motivation der Service- und Küchen-Mitarbeiter	
�‣ Aktive Verkaufsgesprächsführung, Zusatzverkäufe	
�‣ Sonderveranstaltungen	
�‣ Angebotslücken, Gästebefragung	
�‣ Partyservice	
◌ Bedarfsgerechtes Platzangebot (Evtl. mehr Zweier- und Dreiertische ?)	
◌ Kleine Speisenkarte für Spitzenzeiten	
◌ Betriebsablauf optimieren, Ideen der Mitarbeiter einbeziehen	
◌ Verkaufsförderungsmaßnahmen Aktionsplanung, Aktionskalender	
◌ Neue Gäste gewinnen, Gästebefragung	

○ Rezeptur je Gericht und Einhaltung sicherstellen	
○ Speisen- und Getränkekalkulationen	
○ Sortiment auf umschlags- und ertragsstarke Gerichte konzentrieren	
○ Wareneingangskontrolle, Inventur, Stichkontrollen	
○ Eigenverbrauch Mitarbeiter und Familie	
○ Ausschöpfung aller Rationalisierungsmöglichkeiten	
○ Leerzeiten konsequent für Vorbereitungsarbeiten nutzen	
○ Überprüfung der Arbeitsabläufe	
○ Flexibler Personaleinsatz (Verschiedene Posten/ Zeiten)	
○ Überprüfung sämtlicher Kosten auf Erfordernis	
○ Einschaltung eines Energieberaters	
○ Optimale Auslastung der Spülmaschine	
○ Kalkulieren: Berechnungsergebnisse analysieren, mit Orientierungswerten vergleichen und geeignete Maßnahmen zur Umsatzsteigerung und Kostenreduzierung einleiten.	
○ Partnerangebote, (gleichlautende Bestellungen) = Personalkostenersparnis	
Weitere geplante Maßnahmen:	**Termin:**
○ Checkliste von: Harmen Heymann, Gastro-Profit-Check	

Register

AUTORIN

Franziska Schumacher

Gastro-Querdenkerin und LIFE-Coach, ausgebildet als Kellnerin und Köchin, war in leitenden Positionen in der Kongressgastronomie und Ferienhotellerie tätig. Sie ist Restaurantmeisterin mit Ausbildungseignungsprüfung für Österreich und Deutschland.
Sie studierte Fach- und Verhaltenstraining an der Uni Salzburg und schloss eine Ausbildung zur Wirtschaftsmediatorin ab.
Seit 1995 ist die renommierte Trainerin Franziska Schumacher die Inhaberin von „GastroPower – Training für Tourismus" und Mitbegründerin vom „College Hollfeld".
Schwerpunkte ihrer Arbeit sind die Entwicklung von DPV®-Training und die Führungswerkstatt für Klein- und Mittelbetriebe, Chef- und Mitarbeitercoaching, sowie die Begleitung vieler Betriebe in Veränderungsprozessen, besonders bei Betriebsübergaben.

Kontakt:
www.gastropower.de
info@gastropower.de

TEIL 3
IEBSWIRTSCHAFT
IND KALKULATION

Uwe Ladwig, F & B-Support

Spezialist für Gewinneinflussfaktoren im F&B.

Kontakt:
www.f-bsupport.de
info@f-bsupport.de